Success15 fifteen
サクセス15
February 2014
2
http://success.waseda-ac.net/

■ CONTENTS ■

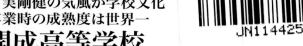

早稲田アカデミーイメージキャラクター
伊藤 萌々香（フェアリーズ）

新入塾生 受付中

「本気でやる子を育てる。」… 早稲田アカデミーの教育理念は不変です。

本当に「本気」になるなんて長い人生の中でそう何度もあることではありません。 受験が終わってから「僕は本気で勉強しなかった」などと言い訳することに何の意味があるのでしょう。どうせやるんだったら、どうせ受験が避けて通れないのだったら思いっきり本気でぶつかって、自分でも信じられないくらいの結果を出して、周りの人と一緒に感動できるような受験をした方が、はるかにすばらしいことだと早稲田アカデミーは考えます。早稲田アカデミーは「本気でやる子」を育て、受験の感動を一緒に体験することにやりがいを持っています！

入塾説明会 最新の受験資料を無料で配付

- 入学案内・パンフレットの他にオリジナル教材等も配付致します。
- 中高受験の概要についてもお話し致します。これから受験を迎えられるご家庭の保護者の皆様にとっては、まさに情報満載の説明会です。お気軽にご参加ください。

1/25(土)・2/16(日) 10:30～

※校舎により日時が異なる場合がございます。

入塾テスト 無料

毎週土曜・日曜(祝日) 2/23除く

14:00～ 10:30～

- 小学生／算・国 ※新小5・新小6受験コースは理社も実施
- 中学生／英・数・国

希望者には個別カウンセリングを実施

新中1～新中3 無料体験授業 受付中!

早稲アカの授業を体感しよう!!

- どなたでもご参加頂けます。
- 詳細は早稲田アカデミー各校舎まで。

入塾された方 全員にプレゼント

早稲田アカデミーオリジナルペンケース（青またはピンク）&ペンセット

一流中学 高校受験

早稲田アカデミー

お申し込み、お問い合わせは

中1準備講座実施要項

日程	第1ターム…2/7(金)、12(水)、14(金)、19(水)、21(金)、26(水) 第2ターム…2/28(金)、3/5(水)、7(金)、12(水)、14(金)、19(水)	会場	早稲田アカデミー各校舎（WACは除く）
時間	東京・神奈川／ 17:00～18:40 多摩・埼玉・千葉・つくば校／ 17:10～18:50	費用	各ターム：(2科)9,000円／(単科)5,000円

※校舎により授業実施日・時間帯等が異なる場合があります。 ※詳しくは最寄りの早稲田アカデミー各校舎にお問い合わせください。

中1準備講座の**授業料**が**半額**に※!!
※12月または1月まで小6基本コースに在籍し、中1準備講座のお申し込みと同時あるいは、事前に4月以降の中1基本コースのお申し込みをされた方対象。

中1準備講座カリキュラム

英語 英語が必ず好きになる充実した授業

会話表現として学習することが多かった小学校での英語の学習を、高校受験に向けた英語の学習につなげていきます。中学校に入学したときにスタートダッシュができるように、発展学習では一般動詞の学習まで行います。早稲アカ中1準備講座で、英語の学習に差をつけよう！

標準	発展		カリキュラム	内容
第1ターム	第1ターム	1	英語の世界へようこそ	アルファベット／単語の学習
		2	身の回りの単語	単語の学習／冠詞／所有格
		3	英語で文を作ろう	be動詞／thisとthat
		4	英語で質問しよう①	What ～?／or
第2ターム		5	英語で自己紹介	I am ～. ／ You are ～.
		6	英語で友だちを紹介しよう	He is ～. ／ She is ～. ／be動詞のまとめ
	第2ターム	7	様子をあらわす単語	形容詞／数字
		8	英語で質問しよう②	Who ～?／ Whose ～?
		9	英語で数えてみよう	名詞の複数形／How many ～?／someとany
		10	私はりんごを持っています①	一般動詞の否定文・疑問文（1人称・2人称）
		11	私はりんごを持っています②	一般動詞の否定文・疑問文（3人称）
		12	総合演習	be動詞・一般動詞の復習

数学 算数から数学への橋渡し！

中1で最初に習う『正負の数』から『方程式』までを学習します。中でも正負の数・文字式は、中1の1学期の中間・期末テストの試験範囲でもあります。算数嫌いだった人も数学がきっと好きになります。
中学受験をした人は発展カリキュラムで中1の内容を先取りします。

標準	発展		カリキュラム	内容
第1ターム	第1ターム	1	正負の数①	正負の数の表し方・数の大小・絶対値
		2	正負の数②	加法と減法、加減が混じった計算
		3	正負の数③	乗法と除法、乗除が混じった計算、累乗と指数
		4	正負の数④	四則混合計算、正負の数の利用
第2ターム		5	文字と式①	積と商の表し方、四則混合の表し方
		6	文字と式②	数量の表し方、式の値
		7	文字と式③	1次式の計算
		8	文字と式④	文字式の利用
	第2ターム	9	方程式①	等式の性質、方程式の解き方
		10	方程式②	かっこを含む計算、小数・分数を含む計算、比例式
		11	方程式③	文章題（数・代金・個数など）
		12	方程式④	文章題（速さ・割合・食塩水など）

中1コース開講までの流れ

冬休み …… 1月 …… 2月 …… 3月 …… 4月

小6総まとめ講座（小学校内容のまとめ講座実施） → 中1準備講座 → 新中1学力診断テスト 保護者対象ガイダンス → 中1コース開講

先を見据えた習熟度別クラス

レベル別のカリキュラムだからしっかり先取りできる！

早稲田アカデミーの中1準備講座は習熟度別のクラス編成になっています。だから、自分のペースにあった環境でしっかりと理解し、先取り学習をすることができます。さらに、その先の難関高校合格や難関大学合格につながる学習環境を用意しています。中1準備講座で最高のスタートを切ろう！

教科	クラス	対象
英語	標準	英語の勉強が初めての方。塾に通うのが初めての方。
英語	発展	Kコースなどで英語の学習経験がある方。
数学	標準	数学の勉強が初めての方。塾に通うのが初めての方。Kコース生の方。
数学	発展	中学受験をされた方など。

中1 新しい環境でスタートダッシュ。「本気でやる」習慣をつけます。

一人ひとりに講師の目が行き届く人数で授業を行うのが早稲田アカデミーです。中1ではまず学習習慣を身につけることが大切。一人ひとりに適切な指導をし、「本気でやる」姿勢を植えつけます。難関校受験へ向けて確かな学力を養成していきます。

コース	クラス	科目	日時	授業料
S コース	選抜クラス 英数国3科	英語 数学 国語	月曜・水曜・金曜 東京・神奈川 19:00～20:30 千葉 19:10～20:40 多摩・埼玉・茨城 19:15～20:45	授業料 18,300円
R コース	レギュラークラス 英数国3科	英語 数学 国語		授業料 18,300円
理社 コース	選抜クラス レギュラークラス	理科 社会	水曜・金曜 東京・神奈川 20:40～21:30 千葉 20:50～21:40 多摩・埼玉・茨城 20:55～21:45	授業料 7,900円

※一部の校舎では時間帯等が異なります。
※Sコース、理社選抜クラスの設置は校舎により異なります。詳しくはお問い合せください。
※難関中高受験専門塾ExiVでは上記と実施日・時間帯等が異なる場合があります。詳しくはお問い合わせください。

トウダイデイズ

現役東大生が東大での日々と受験に役立つ勉強のコツをお伝えします。

Vol.011

東大生が振り返る受験直前期の過ごし方

text by 平（ひら）

お正月気分も抜けてきたであろう今日このごろ。東大では後期の講義が終わりに近づき、そろそろ期末試験に向けて勉強を始めなくてはなりません。また、慣れ親しんだ駒場キャンパスを離れ、３年生からは本郷キャンパスへ通うため、その引っ越し準備も始まって少し慌ただしい毎日となっています。

受験生のみなさんにとっては集中力の増進する追い込みの時期ですが、勉強の進み具合はいかかでしょうか。それぞれの科目で抜けてしまっているところがないか最終確認をしておきたいですね。

私の受験直前期を振り返ると、入試１カ月前は暗記科目を中心に復習していました。英単語帳や古典単語帳などを見返して、意味と単語が結びついているかを確認するのは、これまで何度も何度もやってきたことだと思います。この時期は、単語帳を何周もする時間が残っていないので、すべてを覚えきるためには、強く集中して取り組むことが大切です。また、暗記科目ではない数学も、理解できていない分野があれば、解き方を覚えてしまいましょう。難しく考えるよりも、手順を完全に暗記してしまうのがいいと思います。もちろん、計算力などが落ちないように数学の問題も日替わり程度で復習しておきましょう。

入試直前の１週間は、本番とまったく同じ時間、スケジュールで過去問に取り組んでいました。朝は何時に起きて、何時からどの科目を受けて、と試験全体をシミュレーションして、時間の感覚を自分の身体に教え込みます。そうすることで、試験中の時間の感覚だけではなく、試験と試験の間の休み時間の感覚などもわかります。また、実際に過去問を解くことで、学校ごとの出題傾向を最終確認できるので、個人的におすすめしたい方法です。これまでに解いたことのある過去問だと、少し易しいと感じるかもしれませんが、入試前にはそう感じるくらいの難度で自信を高めておいた方がいいでしょう。

受験当日の心がまえとして「模試は本番のように、本番は模試のように」というのは聞いたことがあると思いますが､これを実践するのは結構難しいものです。とくに、高校受験は初めての受験で、緊張する人が多いでしょう。そこで、大学受験の際に塾の先生から聞いた話を紹介します。「自分の方が絶対勉強してきた」と思える人を受験生から探すのだそうです。入試というのは相対評価ですから、全体で何番目に成績がよければ合格というのが決まっています。実際にその人より勉強してきたかどうかはともかく、根拠のない不安に対しては、根拠のない自信を持つのが効果的な対策になるそうです。私の場合、１教科目の試験後、うしろの席の人のマスクが上下反対だったのを見て、みんな緊張しているのだと妙に安心しましたね。

試験当日は寒さで手がかじかんでいるのもあって、手が震えてしまうかもしれませんが、そんな状況のなかでどれだけ実力を出せるかに合否はかかっています。いまのうちからリラックスすることを心がけておきましょう。また、体調を崩しては実力が出しきれませんので、体調管理もしっかりしてくださいね。

▶▶ 緊張したときこそリラックス

勉強から不安解消法まで

先輩たちの受験直前体験談

受験本番が目前に迫ってきました。受験生のみなさん、体調を崩さず、勉強に打ちこめていますか？　不安で落ち着かない日々を過ごしている人も多いと思います。今回の特集では、昨年度難関高校に見事合格した高校１年生の先輩たちに、当時のことを振り返ってもらいました。先輩たちの話から受験直前期を乗りきるヒントが見つかるかもしれません。

受験直前期３つのポイント

- おすすめ手帳活用法
- 分析と持続が成功のカギ
- 生活リズムと体調を整える

豊島岡《としまがおか》女子《じょし》学園《がくえん》高等学校

東京都　私立　女子校

窪田《くぼた》 那々子《ななこ》さん

真っ赤になった手帳は努力の証

私は、中学3年生になったときから受験直前期までずっと、B5のノートを手帳のように使っていました。試験当日もこの手帳がお守り代わりでした。

その手帳には、日々のノルマが書いてあります。1ページを5分割して、教科ごとに黒のボールペンで書いていました。

例えば、受験直前期の国語は、前日の過去問の直しと、その次の年の過去問を解く、数学は、塾の先生に苦手な問題を選んでもらっていたので、その日にやる問題番号などを書いていました。

ノートに書いたことは必ずやりました。そして、そのノルマを達成したら、今度は赤いボールペンでその文字を塗りつぶしていきます。このように、自分の決めた課題を1つひとつこなしていき、1日の終わりにページが真っ赤になっているのを見ると、とても達成感がありました。この手帳で、自分の勉強の積み重ねがわかり「これだけ勉強したんだから大丈夫」と試験当日も自分を勇気づけることができました。

間違いは分析し過去問をやりつくす

直前期はおもに、過去問と基本事項の確認をしていました。

平日は塾からの帰宅後、国語・数学・英語の3教科、土曜日は塾がなかったので、理科と社会もプラスした5教科の過去問を解いていました。日曜日は、好きな教科の勉強を1時間してから塾に行き、帰宅後は塾の復習と苦手分野の克服に時間をあてました。過去問は直しも含めて1教科約2時間かけ、塾の復習は1教科約1時間をかけて行っていました。

過去問はすぐに直しをして、間違いや苦手を克服することが大切だと思います。そのためのまとめノートやファイルを各教科で作りました。

数学は、解法をノートに書いておくことで、自分の間違いをしっかりと分析することができます。また、公式は小さなノートにまとめておくと試験前にパッと確認ができます。

国語は、過去問を解いたら塾の先生に添削をしてもらい、もう一度自分の言葉で解答を作るというサイクルを繰り返しました。そして、問題文と解答の作り方を分析してファイルにまとめ、毎日見ていました。

英語は、通学電車のなかや学校の休み時間に少しでも単語を確認することで、忘れないようにすることができます。また、長文を毎日読んで、わからない単語が出てきても、文法的に推察できるようにする練習にも取り組んでいました。

理科や社会は過去問の間違いをノートに書き出して、電車のなかで確認できるようにしていました。

体調管理を大切に

私は、中学2年生から朝型の生活に変えて、身体に合った睡眠時間を取っていたので、直前期もその生活リズムを崩さないように心がけました。試験当日の朝は、ビタミンC入りの栄養ドリンクを飲むことで目を覚まし、そうすることで、苦手な教科も乗り越えられた気がします。

直前期は、生活リズムと体調を整えておくことが大切です。そして、過去問の点数で不安になることもあると思いますが、間違いを分析して、毎日続けて勉強することが合格への一番の力になると思います。

受験直前期３つのポイント

- 間違いの原因をチェック
- 勉強時間のバランスに注意
- 自信を持って臨もう

國學院大學《こくがくいんだいがく》
久我山《くがやま》高等学校

東京都　私立　別学校

高山《たかやま》 修也《しゅうや》さん

過去問を解いて復習しての繰り返し

1月に入ると、この時期から難しい問題集などをやっても焦ってしまったりするだけなので、塾の宿題と、過去問を解いてその復習というのがおもな勉強内容でした。

過去問も、実際に受ける学校のものだけでなく、塾でそこから少しランクを落とした学校の過去問からピックアップしたものをたくさん解き、そのあとに復習をするということを繰り返していました。

この復習に関しては、もっときちんとやっていればよかったなという反省があります。学校や塾で、テストのあとの復習が一番大切と言われるのですが、なかなかできなくて。性格的に、「終わってしまったことだから次に備えよう」となりがちだったんです。

そのことに気づいたのが直前期です。取り組んだ過去問で点数が取れない時期があって、そのときに親に「なにが間違っていたのかを考えた方がいいんじゃない」と言われたんです。

それで小さいメモ帳みたいなものに、なにを間違えたのかを書き込んでいくようにしました。ぼくの場合、例えば数学だと、解きながらなにかおかしいなと思っていると、問題の最後に「ただし～は正の数とする」と書いてあるのを見落としていたりすることがよくあったんです。そういうことを1つずつ書いていくようにしました。

その結果、自分がしやすいミスに気づいたり、その分析ができていることが自信にもつながりました。

勉強時間のバランスに気をつけよう

もう1つの反省点が勉強時間のバランスです。ぼくが本格的に受験勉強を始めたのは、部活を引退した高3の夏からでした。志望していたのは私立校ばかりだったので、国・数・英の3教科の勉強がほとんど。なかでも、ぼくは国語が苦手だったので、かなり国語に時間を割きました。

国語の成績はあがったんですが、わりと得意だった数学が受験直前に落ちてきてしまいました。直前まで国語をやりすぎたかなというのが反省点です。時間があまりなかったこともあって、苦手科目をなんとかしようという気持ちが強すぎたかもしれません。1月を過ぎてからも、勉強の割合で言うと、国語が5割、数学と英語が2割5分ずつという感じでした。焦る気持ちはありつつも、もう少しバランスよく取り組んだ方がよかったかなと思います。

自信を持つことが大切 気の持ちようで点数は変わる

本番の前の日は、各教科の簡単な確認程度しか勉強はしていません。難しいことをこのタイミングでしてしまうと不安になることもありますから。あとは早く寝て、次の日に備えました。

本番で大切なことは、自信を持つことだと思います。勉強をしているときは、謙虚に「自分にはまだここが足りていないな」という気持ちで取り組めばいいと思いますが、試験会場に入ったら、「これだけやったんだから大丈夫」と思えるように。

塾の先生にも、気の持ちようで何点、何十点変わることもある、と言われました。本番は一発勝負ですから「大丈夫かな？」という気持ちでいても仕方ありません。思いきり臨んでみてください。

受験直前期３つのポイント

- とにかく量をこなす
- 勉強しながらリラックス
- 勉強漬けの日々も悪くない

東京都立

西《にし》高等学校

東京都　公立　共学校

桶川《おけがわ》 佳音《かのん》さん

自分に合った対策を立てる

私は中学生のころ石川県に住んでいたので、都立校を受験するための対策をしてくれる塾はありませんでした。なにをしたらいいのかわからないなかで、とにかく量をこなそうと思い、中学3年生の夏ごろからインターネットで自校作成問題を集められるだけ集めました。本命の西高のものだけではなく、集められるものすべてです。直前期には、その自校作成問題を繰り返し解いていました。本番通りにきちんと時間を計って解いたり、少し簡単に思えるものは時間を短く設定し、満点を取るつもりで行いました。

こうして、量をこなすうちに、科目ごとの対策方法を見つけることができました。

国語は、200字作文の問題に慣れることを目標としました。作文ができるようになれば、ほかの国語の問題も解けるようになると考えたからです。専用のノートを作り、ひたすら作文を繰り返しました。解答の添削は母にお願いしていました。

苦手な数学では、自校作成問題のなかから、間違えた問題を切り貼りして、解法を書いていくノートを作りました。また、ノートの裏表紙には、自分がおかしてしまいがちなケアレスミスをまとめておきました。このノートは私が頑張った証です。受験前日もこれを確認し、当日も試験会場へ持っていきました。

社会の対策では、オリジナルの年表を作りました。教科書や参考書にも、それぞれ年表はありましたが、細かい部分で少しずつ載っていることが違っていたので、それを1つにまとめました。こうすることで、効率的に暗記の作業を進めることができました。

これらの方法は、だれかに教えてもらったのではなく、自分で見つけたものだったので、自分に一番合っていたと思います。

お風呂で集中

英語は、問題文が長いので、すべての設問に正解するために問題文をじっくりと読んでいると時間が足りなくなってしまいます。私は、問題文を早く読めるようにして、少し間違えても、すべての問題を解くようにした方がいいと考えました。

その対策として直前期に行っていたのは、もともと好きだったお風呂のなかで英文を読むことです。約2時間、お湯につかりながら英文を集中して読んでいました。身体の疲れもとれ、勉強しながらリラックスすることができました。とくに英語は、量をこなすことで必ずスピードがついてくると思います。

思いっきり勉強に打ちこむ

受験直前期は休憩もとらずに勉強を続けるなど、すごくストイックな生活を送っていました。

私は、どうしても西高に行きたくて、しかしどうしていいかわからず、自校作成問題にひたすら取り組む勉強法でした。量をこなすばかりで遠回りに感じたこともありましたが、それが結果的には実力アップにつながりました。

受験直前期は本当に勉強一色ですが、そんな時期があってもいいと思います。やっておいてムダなことはありません。入試本番まであと少し、思いっきり勉強に打ちこんでください。

受験直前期３つのポイント

・まとめノートを活用
・基礎固めは早めにしよう
・自分に合うスタイルを貫く

千葉県立
東葛飾《ひがしかつしか》高等学校
千葉県　公立　共学校

生田《いくた》 剛《つよし》さん

直前までD判定でもあきらめない

東葛飾を第1志望にしていましたが、模試では直前までずっとD判定で、「どうして自分の成績はあがらないんだろう」と不安になるときもありました。

それでも合格できたのは、もう突っ走るしかない、合格できる、と自分に自己暗示をかけたことと、自分自身の成績を分析しながら勉強していたからだと思います。

まず、過去問を解くときに、東葛飾でA判定を取っている人の点数より少し下くらいの点数を目標点として設定します。そして、その目標点に向かって、今回の成績はどうだったか、減点を埋めるにはどこで点数を取ればよかったのかなどをノートにまとめます。

このように、結果を見直して分析することで、そのときの自分の弱点や課題が明確になりましたし、試験当日を1番よい状態で迎えられるように調整しながら勉強を進めることができました。

このノートにはそういった自己分析だけではなく、1時間目の国語の手応えによってそのあとの教科にどういう気持ちで臨むのかなど、試験当日の心がまえについても書き込んだので、当日も持参して読み返し、心を落ち着かせていました。

苦手な英語を冬まで放置していた

とにかく英語が苦手で、中3の11月までは基礎もあいまいなまま問題に取り組んでいました。でもさすがにこのままではまずいと思い、11月ごろから英文法や単語の基礎を勉強し直しました。

11月から年末までは集中して基礎固めに取り組み、1月からも過去問や演習と並行して基礎の英文法や単語も勉強し続けました。それまではスペルを間違えるといった簡単なミスもめだちましたが、基礎を勉強し直してからはミスもなくなり、成績が伸びてきた実感がありました。

最終的に合格できたのでよかったですが、夏のうちにもっと勉強しておけばよかったと思います。つまずいたところがあっても「次はなんとかなる」とそのままにしていたので、その都度復習していればもっとスムーズに勉強が進んだと思います。

睡眠はたっぷり気分転換も大切

受験直前期でも23時に寝て6時半に起きる7時間半睡眠を貫いていました。寝れば寝るほどコンディションがよくなるタイプでしたし、寝るのが好きだったので睡眠は大事にしていました。試験前日も復習を軽くして、前述したまとめノートを読み返して21時には就寝しました。

また、集中力が途切れたときは外を散歩したりと、休憩もこまめにとっていました。数学の難しい問題を解く合間に、理社の簡単な問題を挟むだけでも気持ちが変わってよかったです。試験当日も気分転換を忘れずに、試験の合間の10分休憩ごとにトイレに行き、手と顔を洗うことで気持ちをリセットしていました。

無理して睡眠時間を削ったり、休憩をとらずに勉強し続けたりせずに、自分に合ったスタイルで直前期を過ごすことが大切です。

みなさんも本番でよい成績を残せるように、この時期から頑張って調整してください。そして、できることはやったから大丈夫だと、自分を信じることも忘れないでください。

受験直前期のよくある悩み？

勉強編

稲垣《いながき》 紀彰《のりあき》さん

下永《しもなが》 彩《あや》さん

Q 試験を受けるときの、時間配分のコツを教えてください！

稲垣さん　得意科目の数学でも、模試などで時間がなくなり、焦ってしまうことがありました。中盤の問題でつまずいてしまい、あとの問題に取り組む時間が少なくなって、点を取れなかったり。なので、問題を解いていて詰まってしまったときは、少しの時間考えてみて、解くのが難しそうだったらすぐ次の問題にいくといいと思います。

下永さん　私も焦ったことはあります。印象深いのは、神奈川の共通入試の社会です。過去問とは違って記述問題がとても多く出題されたので焦りましたね。「問題形式は変わっても、出題は自分が勉強した範囲から出ているから大丈夫」と思うようにして頑張りました。

稲垣さん　社会はそうだったね。試験が終わったあと、周りもみんな「記述が多かった」って言っていました。そういうときは、深呼吸とかして気持ちを落ち着かせるといいかもしれません。リセットするというか、気持ちの切り替えができるように模試や過去問に取り組む際などに気をつけてやるといいんじゃないでしょうか。

下永さん　問いの順番通りに解かなくても、簡単な問題や解きやすい問題から取り組んで行くのもいいと思います。試験が始まったらまず試験全体を見て確認しておけば、やり残したり時間がなくなってしまうことも少なくなると思います。

稲垣さん　そうだね。あとは解答用紙を先にパっと見て、記入欄の形から、記述問題の分量や記号で答える問題がどれくらいあるかなどを、先に確認しておくのもおすすめです。

神奈川県立 柏陽《はくよう》高等学校

神奈川 | 公立 | 共学校

生活編

安西《あんざい》 徹《とおる》さん

濵野《はまの》 倫瑠《みちる》さん

永原《ながはら》 春菜《はるな》さん

Q 試験当日はどんな気持ちで試験に臨んだ？

濵野さん　試験会場に向かっているときはやっぱり緊張していました。しかも1時間目が英語で、ちょっと不安な科目でした。でも、終わったときに模試に比べてできたな、と思えたら、そのあとはすっと落ち着いて残りの試験に臨めました。

永原さん　私は塾の先生に、ある教科で失敗したときに、次で取り返そうと考え過ぎない方がいいと言われました。どうしてかというと、本番では、そもそも次の教科も最大限に頑張るはずだから、それ以上に点を取るのは簡単ではないからです。だから、取り返すことを考えるのではなく、切り替えるようにした方がいいと思います。それと、試験の50分が中学3年間の集大成になるので、この50分は試験のことだけを考えるようにも意識しました。

　あと、これも塾の先生に言われたことなのですが、受かったら行くべき学校、落ちたら、それは私が行くべき学校じゃなかったんだと思いなさいと。その言葉のおかげで、緊張は多少ありましたが、プレッシャーにはならずに取り組めました。

安西さん　ぼくが初めて柏陽に来たのは文化祭のときで、その文化祭を見て、ここの校風や雰囲気にすごく憧れていました。そのあと、願書を提出する日に風邪をひいてしまい、代わりに親に行ってもらったので、文化祭と学校説明会のあと、試験当日まで柏陽に来ていなかったんです。

　だからなのか、門をくぐったときに憧れの気持ちがすごく蘇ってきました。その気持ちと、これまでの自分の積み重ねが自信になって「できるかもしれない」と思えました。

お答えします！

埼玉県立 浦和第一女子《うらわだいいちじょし》高等学校

埼玉 公立 女子校

勉強編

大山 由乃《おおやま ゆうの》さん
松崎 優《まつざき ゆう》さん

Q 直前期、苦手科目はどう勉強していましたか？

大山さん 私は数学が好きで、英語が苦手でした。とくに長文問題は読みたくないくらいでした。でも、塾で47都道府県の公立校の入試問題が1冊にまとめられた分厚い過去問集を、1日2県ぶんやるように言われて大変だったんですが、こなしていたら、徐々に長文問題も解けるようになってきました。だから、苦手科目でも量をこなすといいと思います。長文に慣れることができたので、直前期には英作文のパターン練習などを塾でやっていました。

松崎さん 私も数学が好きで英語が苦手なので、大山さんの話は実体験を語られているみたい（笑）。直前期には得意科目よりも苦手科目を多く勉強しました。私は英語以外に社会の歴史も苦手で、克服のために1問1答形式の問題集を繰り返しやっていました。あとは、わかりづらい年代の年表をノートに書いてまとめて、何回も見直しをしました。

大山さん 私も歴史、苦手でした。公立は記述式問題が多いので、理社の記述の問題集をやったときは、解答も暗記するようにしていました。

松崎さん 記述の練習も大事だね。とにかく1問1答でインプットして、記述問題でアウトプットする練習をしていました。それでも覚えきれないところは、持ち歩けるサイズの小さなノートにまとめて、休憩中などにとにかく何回も見るようにしていました。苦手科目は得意科目よりものびしろが大きいと思います。だから、直前期は、苦手科目に取り組むことは、「得点をあげるための最大の近道なんだ」と思いながら頑張っていました。

生活編

四阿 里子《あづま さとこ》さん
竹安 楓子《たけやす ふうこ》さん

Q 受験勉強をしていて不安になってしまったときは？

竹安さん 私の場合ですが、不安になったときには、友だちと話をしていました。「いまからスカイプしていい？」とメールを送ってから、少しの間スカイプを使って話していましたね。入試の前日にもスカイプで「明日頑張ろうね」と励ましあいました。

四阿さん 私は脳天気なのか、どうしようもなく不安になるということはありませんでした。「落ちてしまったらどうしよう」と不安になるよりも、「合格する」と強く願っていれば受かるものだと思っていました。精神論というか、心の持ちようだと思います。

竹安さん すごい。ポジティブに考えられる秘訣はあるの？

四阿さん 私はもともとポジティブな性格だというのもありますが、あまりくよくよ考えない方がいいと思います。「合格するぞ！」と思い続けていれば、合格する運を引き寄せることができると信じていました。

竹安さん 私は四阿さんほどポジティブではありませんが、自分に合ったストレス解消法を見つけるといいと思います。私の場合は泣くことで、泣ける本を読むなどして無理やりにでも5分くらい涙を流すと、気持ちがすっきりしてポジティブ思考に切り替わりました。あとは、浦和一女の説明会や文化祭で配られた受験生向けの「合格体験記」を何度も読んでやる気を出していました。

四阿さん 浦和一女を受ける人はこの体験記をお守りにする人が多いそうです。私も何回も読みましたし、試験当日にも持っていきました。心強かったですね。

受験生のための合格祈願グッズ！

本番まであと少し。
最後まで頑張っている入試直前のみんなを励まし、
勇気づけてくれる合格祈願グッズを紹介します！

桜咲く合格まとまるくん

消しカスがまとまる消しゴム「まとまるくん」。縁起のいい「桜咲く合格」バージョンで受験を乗りきろう。／¥100＋税／ヒノデワシ

ユラシャ

おきあがりこぼし機構で、ゆらゆらゆれても転がりにくく「落ちない」シャープペン。可愛くてクセになるユニークな動きも特徴。／¥300＋税／トンボ鉛筆

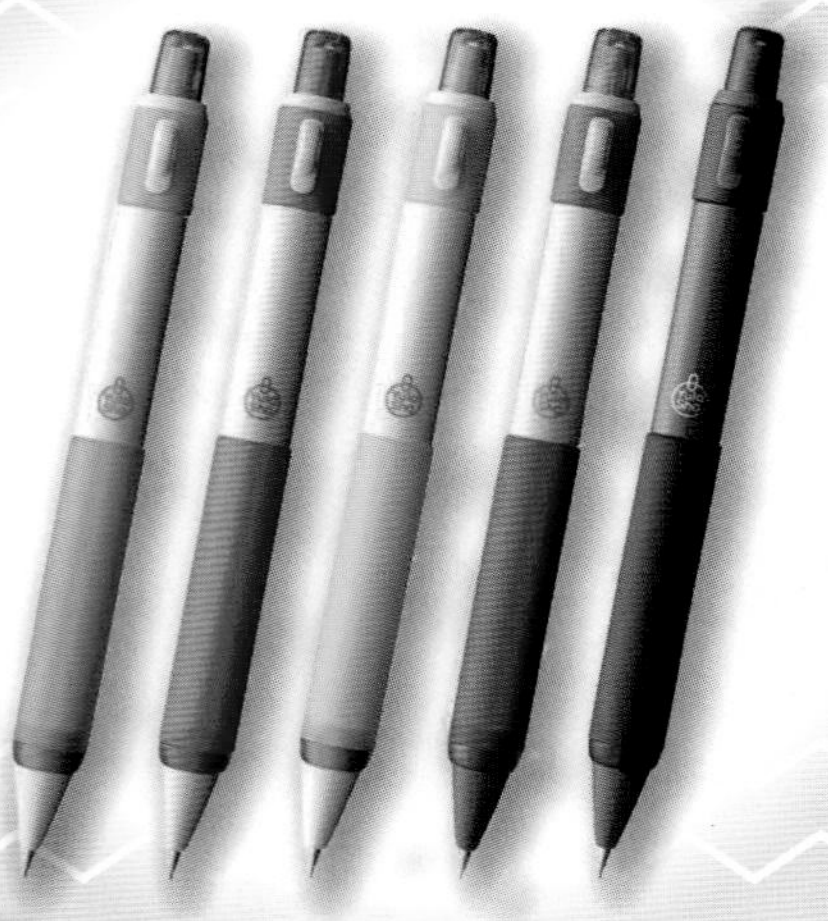

ニュースパイラルCC

握りやすく書きやすい独特な構造のペン。さらに特徴的なのが透明なボディだ。このクリアなペンで受験を「クリア」しよう!／¥600＋税／ゼブラ

桜咲く合格えんぴつ（上）
金の合格五角形えんぴつ（下）

鮮やかな青と赤の「桜咲く合格えんぴつ」と、金色の五角（合格）形えんぴつ。好みに合わせて使ってみよう。／桜咲く合格えんぴつ　¥50＋税／金の合格五角形えんぴつ　¥50＋税／ヒノデワシ

神田明神

松陰神社

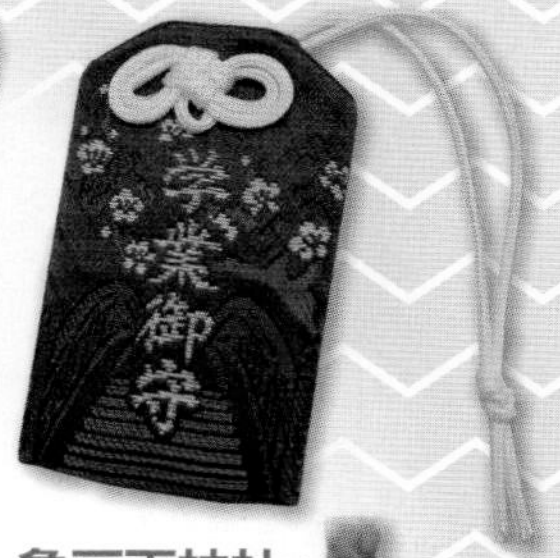

亀戸天神社

谷保天満宮

湯島天神

飛不動尊

神社で手に入る合格祈願お守り

「学問の神様」菅原道真を祀る亀戸天神社の「学業御守」や、神田明神の「勝守」、「落ちない」として受験生に人気の飛不動尊の「飛行護」など、首都圏の神社にはさまざまな由来のある合格祈願お守りがあるぞ。

はん勝ち

桜には「桜咲く」、馬と象は「ウマくいくゾウ」など、それぞれのアイコンに頑張る人を応援する意味が込められている。デザインもかわいくてGood。／¥500＋税／ブルーミング中西

合格祈願きっぷ「学駅入場券＆合格祈願お守り」

JR四国の徳島線に「学駅」という駅がある。その切符を見ると、右端に入場券を表す「入」と、発行の駅を表す「学」という2文字が入っていて、縦に読むと「入学」、さらに5枚そろえると「5入学（ごにゅうがく）」となる縁起物。合格祈願お守りとセットで購入できるぞ。／¥762＋税／JR四国

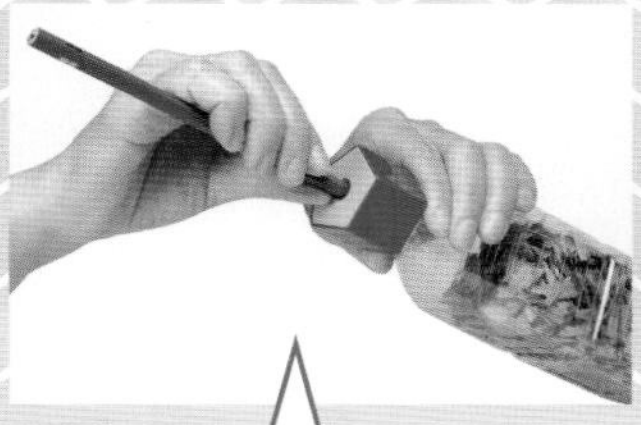

合格ケズリキャップ

五角（合格）形の鉛筆けずり。ただの鉛筆けずりではなく、ペットボトルのキャップ部分に取りつけて削ると、削りカスがたまって、一気に捨てられるうえに、資源の再利用にもなるスグレモノ。／¥300＋税／シヤチハタ

合格そろばん

5の玉が固定されて動かず、下の4個の玉は連結固定されて動くので、つねに「5」か「9」（ごうかく）しか出ないユニークな合格そろばん。お守り代わりに持ち歩くのもいいのでは。／¥1,000＋税／ダイイチ

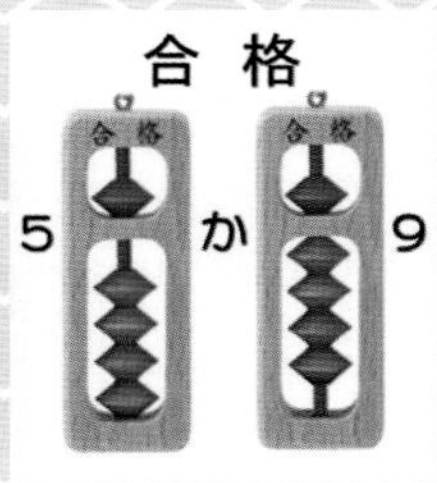

タワー大神宮お守り

東京タワーの展望台という、東京23区のなかで一番高い場所に設置されているタワー大神宮の合格祈願お守り。成績も高くあがれ、という願いが込められているお守りだ。／¥477＋税／東京タワー

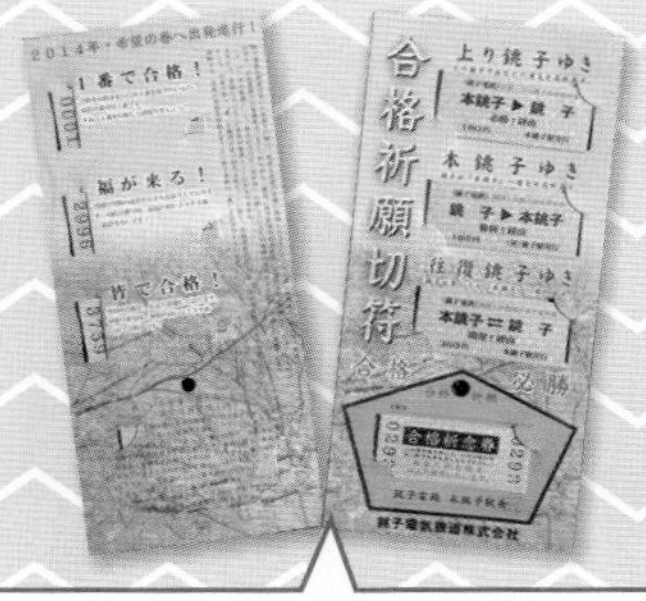

合格祈願切符

「本銚子駅」（本調子）行き、上り「銚子駅」（上り調子）行き、「銚子駅⇔本銚子駅」（調子から上り調子へ）の切符3枚セットを手に入れて、入試本番も上り調子だ！／¥686＋税／銚子電気鉄道

合格祈願「さくらぎからさくさべゆき必勝乗車券」

千葉モノレールの「桜木駅」（さくら）から「作草部駅」（さく）までの乗車券が合格祈願バージョンの必勝乗車券に。／¥352＋税／千葉都市モノレール

落ちない御守

映画化された小説『のぼうの城』で一躍有名になった「落ちない城」忍城がモチーフの「落ちない御守」。忍城の粘り強さやあきらめない精神にあやかろう。／¥477＋税／行田市観光協会

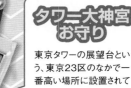

進取の気性と自由な精神
質実剛健の気風が学校文化
卒業時の成熟度は世界一

KAISEI SENIOR HIGH SCHOOL

開成高等学校

東京都 荒川区 男子校

柳沢《やなぎさわ》 幸雄《ゆきお》 校長先生

近代日本の幕開けと同時に開校、長い伝統を誇る開成高等学校。「自由の精神・進取の気性」を教育の根本に据え、質実剛健の気風を守り続けて幾多の才能を世に送り出してきました。東大には32年にわたって最も多くの卒業生を送り続けています。

本質の理解と自学自習を重んじる教育が伝統

開成学園は、1871年（明治4年）、欧州の教育事情視察から帰った幕末の進歩的知識人・佐野鼎《かなえ》先生によって創立されました。わが国にも欧米なみの学校が必要であると強く感じられての創立でした。校名は「共立学校」と名づけられ、初代校長は高橋是清先生でした。

1895年（明治28年）に「東京開成中学校」と校名が改められまし

たが、創設時からの進取の気性はいまも脈々と受け継がれています。

「開成」という校名の由来は中国の古い書物『易経』の「開物成務」からとられ「人間性を開拓啓発し、人としての務めを成す」という意です。

その精神は教育内容にも反映され続け、暗記や表面的な知識に偏るのではなく、本質の理解と自主的な学習態度を重んじる教育が伝統となっています。さらに開成では、「質実剛健の気風」をモットーとして掲げています。自由の精神のもと、学んだことを実践していくには、まさにたくましさが必要であり、時流や時の権力に屈せずに真理を追究する意味での「質実剛健」です。

進む道はそれぞれ自由 自分で学び取っていくもの

開成といえば、「東大合格者数日本一」という面に目がいきがちです。

確かに、すでに32年間続けて東大合格全国1位を続け、200人近くが合格、現役生でも毎年100人を大きく上回る合格実績を示しています。しかし、開成の教育は、難関大学をめざすのが目的ではありません。創立以来の教育理念である進取の気性と自由の精神を重んじる立場から、生徒1人ひとりの学習態度は、まさに「自学自習」です。

ですから、特定の教科に偏った教育は行われず、音楽や美術なども本物に触れることが重視され、2011年（平成23年）には高校3年生が在学中に日展で最年少入賞、また、東大に進学して、日展に入選した卒業生もいます。

生徒の進む道はそれぞれ自由であって、自分で学びとっていくもの。その学びの延長線上に東大があっただけのことだと教員、生徒みんなが理解しています。生徒は切磋琢磨しながら、互いに認めあうべき才能をそれぞれが育てあげていくのです。

開成生の到達度は世界一 その秘密は行事の過程にあり

米・ハーバード大学大学院と東大大学院で学生を教えた経験がおありの柳沢校長先生は「開成生は卒業するとき、世界の18歳と比べてその能力は、知力だけでなく、大人として生きていく力、精神的成熟度において世界一の到達度だ」と話されます。そして、そんな生徒自身が「自分の道」を探し出していくことができる開成教育の秘密は、その行事や部活にあると言います。

「そこにロールモデルがいるのですよ。憧れの先輩が見つけられるのです。例えば運動会ですが、入学したら、その5月に、いきなりある一大行事です。」（柳沢校長先生）

開成の運動会は、縦割りで全学年を8つの組（紫、白、青、緑、橙、黄、赤、黒）に分け、組対抗で争います。高校は8クラスあるので、ちょうど1クラスずつ8色です。卒業し年齢が違うOB同士でも「色は紫でした」と言うだけであっという間に打ち解けあえると言います。

各学年に1種目ずつ組別の対抗種目があり盛りあがります。とくに高3生の棒倒しは「高校生活のすべてを懸けた」白熱戦となり、応援する下級生も思わず力が入り、声は枯れてしまいます。

しかし、柳沢校長先生の言う「開

施設

生徒は、学内の施設を存分に使用し、自学自習に励み、それぞれの道を見つけていきます。

天体観測ドーム

コンピューター教室

図書館

開成マラソン

学年旅行

スキー学校

ボートレース

文化祭

行事を通して、生徒たちは心身ともに成長していきます。そして、先輩と後輩の絆が深められ、その絆は卒業してもなくなることはありません。

運動会

成の運動会」の魅力と意義は、運動会当日だけにあるわけではなく、そこにいたる過程にありました。

開成の運動会は、先生方がその運営にかかわる部分はほとんどありません。

生徒、とくに高3生の自主的な計画に沿って運営されるのです。高3生は、自分の組が優勝するために、前年の運動会が終わったその瞬間から翌年の計画に着手、練習に励みます。

対抗種目に勝とうとするだけではありません。各組の応援歌は高3の各色の担当者が作詞作曲し、アーチ（畳24枚ぶんの大きな壁画）は2カ月ほど前からこれも高3生が協力して描きます。応援歌はいかにも勇ましく、アーチの芸術性とともに高校生が制作したものとはとても思えないほどのすばらしいできばえとなります。

運動会の対抗種目はとくに激しくぶつかりあい、すり傷は絶えませんが、練習段階から救護係がいてしっかりとサポートします。ケガを最小限に抑えるための安全対策、ルールや審判法まで自分たちで厳密に作り出します。

そのすべてを仕切り、自分の組の下級生の指導も高3生が引き受けます。ときには厳しい言葉で叱咤激励

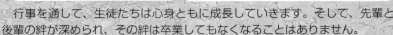

もします。

新入生にとっては、筑波大附属高とのボートレースの応援練習は、新入生全体がまとまって行いますが、運動会は組別に練習するので、ここで上級生の厳しさ、優しさを知ることになります。

厳しく指導してくれた先輩が、ふと「よく頑張ったな」とかけてくれる声に下級生はジーンとくるのです。

ここに開成教育の秘密の一端が垣間見えます。

柳沢校長先生は「開成にはさまざまな行事があります。運動会のほかに文化祭と学年旅行にもそれぞれ委員会があります。部活動参加率も100%に近いものがあり、そのなかでも下級生は上級生と触れあいます。先生方を含め、上級生たちも部活では叱るのではなく、いっしょにやってみて、なおかつほめる指導です。そこには、すごいなぁ、と思える先輩が必ずいます。そんな先輩が涼しげな顔をして東大に入っていくわけですから、それがロールモデルになるんです。憧れるんですね。あんなふうになりたいと思うわけです。生徒全員に部活や行事にかかわらせることは、開成の重要な教育のプロセスだと考えています」と笑顔で話されました。

後輩の面倒味は随一 その先輩に憧れて道を選ぶ

こうして培われた先輩、後輩の仲のよさは卒業してからも続きます。「卒業しても、みんな後輩が好きだから、よく開成を訪ねて来ます。

私立学校の非常にいいところは先生の勤続年数が長いので、学校に行けばだれか知っている先生が必ずいる。それがいいんです。

卒業生を招いて、生徒が身近で話を聞く機会がたくさんあります。JAXAで頑張っている人とか、プリンストン大学で准教授をしている人などがやってきて、自分の開成時代はこうだった、そのときこういうことを考えていたけど、いまはこうしてここにいると生徒たちに話してくれます。まさにキャリアモデルが目の前に見えるわけです。興味がある後輩は、その先輩に色々相談し始めます。

開成の最大の宝はなにかっていったら、そういうOBなのです。後輩への面倒見が非常にいい、社会のなかで勢いよく生きている、そういうOBたちが開成の後輩をちゃんと支えてくれている。それが開成という学校の一番の強さの根元だと思っています。」（柳沢校長先生）

卒業生の同窓会が、「開成会」です。開成会の団結は固く、後輩への面倒見のよさは卒業してからも続きます。

開成会のなかに、色々なグループがあり、最近できた「グローバル開成会」は、海外にも広がり、その地域でどんなに年齢が離れていても、互いに助けあったり相談しあえる集まりになっているそうです。

2013年度（平成25年度）は3名が海外の名のある大学に巣立ち、そのグローバル開成会のサポートを受けながら、いま、それぞれの地に足をつけて頑張っています。

さて、開成高校をめざす中学生のみなさんに柳沢校長先生からメッセージをいただきました。

「開成では学年400人のうち25%の100人が高校からの入学生です。なぜ、そのようにしているかというと、色々な経験を持つ多様性のある生徒の集団が重要だからです。

色々な仲間がそろった方がものの考え方、見方にも違いがありますから、そのなかで気づくことも多いはずなのです。

本当に不思議なことですが、例えば東大の合格者のうちの25%ほどが高校からの入学生です。ちょうど母集団の割合と一致します。ここで3年間生活すれば、中学からの入学生とは渾然一体となって互いを認め切磋琢磨していける。

だから、なんの心配もしないで、ここで3年間を過ごし、頑張って自分の道をみつけてほしいのです。待っています。」（柳沢校長先生）

School Data

所在地 東京都荒川区西日暮里4-2-4

アクセス JR山手線・京浜東北線・地下鉄千代田線・日暮里・舎人ライナー「西日暮里駅」徒歩2分

生徒数 男子1205名

TEL 03-3822-0741

URL http://www.kaiseigakuen.jp/

3学期制 週6日制

月～金6時限（高校は7・8時限が選択授業）土4時限

50分授業 1学年8クラス 1クラス50名

2013年度(平成25年度)大学合格実績（ ）内は既卒

大学名	合格者	大学名	合格者
国公立大学		私立大学	
北海道大	6(1)	早大	196(102)
東北大	5(3)	慶應大	152(64)
千葉大	17(9)	上智大	24(13)
筑波大	5(1)	東京理科大	56(36)
東京大	170(45)	明治大	24(19)
一橋大	6(2)	青山学院大	1(1)
東京工大	14(7)	立教大	3(2)
横浜国立大	5(3)	中央大	22(16)
東京医歯大	11(2)	法政大	1(0)
東京外大	1(0)	国際基督教大(ICU)	3(3)
東京学芸大	3(2)	学習院大	1(0)
京都大	6(2)	日本大	12(9)
その他国公立大	23(19)	その他私立大	79(49)
計	272(96)	計	574(314)

【参考文献】柳沢幸雄先生著『東大とハーバード・世界を変える「20代」の育て方』(大和書房刊)

共学校　東京都　八王子市

八《はち》王《おう》子《じ》学《がく》園《えん》八《はち》王《おう》子《じ》高等学校

3年後の「成長力」、7年後の「人間力」

4つのコース充実のサポート

八王子学園八王子高等学校（以下、八王子）は、「人格を尊重しよう」「平和を心につちかおう」の2つを理念として、創立以来85年間、教育を行ってきました。生徒それぞれの希望に合わせた4つのコース制のもと、質の高い授業と進学サポート体制の充実により、年々難関大学への合格実績を伸ばしています。

「文理特進コース」は、国公立大学・難関私立大学への進学をめざします。1年次は全員共通カリキュラムで学び、2年次から文系・理系に分かれ、3年次に演習や選択授業を多く取り入れることで、受験に向けた体制をしっかりと整えていきます。夏期休暇に全員参加で行われる夏期授業や、現役東大生による放課後の特別授業も特徴的です。

文武両道を目標とする「文理進学コース」の学習内容は、「文理特進コース」とほぼ同じカリキュラムですが、クラブ活動の時間を確保できるように、夏期授業は3年次のみ実施されます。

また、「文理特進コース」「文理進学コース」ともに「Check Repeat Program」として単元ごとのチェックテスト、数単元まとめてのタームテストが実施されます。このプログラムにより、各授業の習熟度の確認と単元の総復習が可能となります。習熟度が不足し、チェックテストに合格しない生徒は、合格するまで繰り返し学習を行います。

「文理普通コース」は、1年次に基礎学力の徹底を図り、2年次から文系・理系に分かれます。クラブ活動に熱心に取り組みながら、選択授業により教養を身につけ、受験対策も怠りません。

そして、創設17年目を迎える「芸術コース」は、「音楽専攻」と「美術専攻」に分かれ、少人数での実践的指導や個別指導が実を結び、進学実績は全国トップレベルとなっています。

これら4つのコースに加え、進学カウンセラーや進路指導チューターによるサポート体制が整えられ、1年次から「仕事・生き方ガイダンス」や大学キャンパスツアー、大学セミナーなどを行うことで、生徒は自ら将来について考えられる力を身につけることができます。

八王子学園八王子高等学校は、生徒1人ひとりの希望を叶えるために、生徒の能力を活かし、確かな実力を育てていきます。その教育は入学3年後の「成長力」へとつながり、そして、大学合格だけをめざすのではなく、大学での専門分野研究を経て大学卒業後に「人間力」を身につけられるように生徒を導いていきます。

School Data

所在地	東京都八王子市台町4-35-1
生徒数	男子685名、女子808名
TEL	042-623-3461
アクセス	JR中央線「西八王子駅」徒歩5分
URL	http://www.hachioji.ed.jp/senr/

共学校　東京都　杉並区

東京立正高等学校《とうきょうりっしょう》

数字に表れる高い進学率と満足度

School Data

所在地	東京都杉並区堀ノ内2-41-15
生徒数	男子257名、女子353名
TEL	03-3312-1111
アクセス	地下鉄丸の内線「新高円寺駅」徒歩8分
URL	http://www.tokyorissho.ed.jp/

東京立正独自の進路指導システム

東京立正高等学校（以下、東京立正）は、「生命の尊重・慈悲・平和」を建学の理念に掲げている学校です。

多様な進路に対応できる学力を養う「スタンダードコース」と、難関大学の合格をめざす「アドバンストコース」の2コースを用意し、進路指導では「Plan＝計画」、「Do＝実行」、「Check＝点検」、「Answer＝見直し」の頭文字をとった「PDCAシステム」という特徴的なシステムを導入しています。

まず、コース会議で学習指導計画や生徒指導計画を練り（Plan）、その計画に基づいて、実際に生徒へ指導を行っていきます（Do）。そして、指導の成果を模試で点検したあと（Check）、その結果を会議で分析し、生徒1人ひとりに合ったデータを作成します（Answer）。

Answerの段階までがひと通り終わると、そこで作成された1人ひとりのデータを基に、コース会議が開かれ（Plan）…と、一連の流れを繰り返します。

このように、1つひとつ段階を踏んでいくため、生徒の到達度を確認しながら、個々の能力に合った指導をすることができます。この活気的なシステムの成果は、現役進学率94％という数字としても表れています。

心を豊かにするプログラムも充実

東京立正では、「本物に触れるプログラム」と題した情操教育にも力を入れています。

プログラムの一貫として毎年行われている「芸術鑑賞教室」は、20年以上前から継続しているもので、舞台鑑賞を通して本物の芸術に触れることができます。そのほか、都会では味わえない体験が自然のなかでできる「林間学校」や、学校内の畑で作物を育てる「農業体験」、希望者を対象としたオーストラリアでの「語学研修プログラム」など、多岐にわたるプログラムが用意されています。

さらに、毎週月曜の朝には「自分を見つめ、心の安定を図る」ことを目標に、全校生徒による瞑想が行われ「報恩感謝」の心を養っています。

このようなきめ細かな進路指導や、心を豊かにするプログラムのほかにも、普段の授業や学校行事も充実している東京立正高等学校。生徒に対して行った学園生活満足度調査では、約9割の生徒が満足していると答え、満足のいく学校生活を送ることができることが証明されています。

共学校

千葉県立 千《ち》葉《ば》高等学校

髙岡《たかおか》 正幸《まさゆき》 校長先生

日本で、そして世界で活躍する心豊かな次代のリーダーを育成

千葉県立千葉高等学校は、2008年（平成20年）から併設型中高一貫校となりました。中学からの内進生と高校受験を経た外進生が刺激しあうことにより、学校の活性化につながっています。質の高い授業が徹底され、「千葉高ノーベル賞」など特色ある取り組みが実を結んでいます。

3つの教育目標を掲げる 創立136年の伝統校

千葉県立千葉高等学校（以下、千葉高）は創立136年の名門校です。その始まりは、1878年（明治11年）、千葉県師範学校校内に創立された千葉中学校です。1899年（明治32年）に千葉県千葉中学校と改称され、そのとき千葉市中央区葛城の現在地に校舎を新築し、移転しました。

終戦後の1948年（昭和23年）には学制改革によって千葉県立千葉高等学校となり、1949年（昭和24年）から男女共学制がスタートしました。1950年（昭和25年）に千葉県立千葉第一高等学校と改称されましたが、1961年（昭和36年）に再び千葉県立千葉高等学校となりました。

2008年（平成20年）には、千葉県立千葉中学校が併設されました。

体育大会

2学期に行われる体育大会。団体種目と個人種目で競いあいます。リレーなど、種目によってはクラス対抗にもなり、毎年大いに盛りあがります。

千葉高の教育は、次の3つを目標としています。

・社会に対する広く深い理解と教養の養成
・自主的精神に富み、文化の創造と発展に貢献する個性の確立
・真理と正義を愛し、勤労と責任を重んずる実践力と健康な身体の育成

高岡正幸校長先生は「公立高校で学ぶということは、自分のためだけではなく、社会に貢献できることを目標として学ぶという大きな気持ちがなければなりません。このことから、本校では、『自主・自律』の精神を教育の柱としています。次代のリーダーが持つべき資質もここにあるのです。本校では、なにが問題で、なにが原因なのか、解決するためにはなにをすべきか、どうしたらみんなと協力できるのかなど、すべて生徒たちが主体的に考えながら3年間を過ごします」と話されます。

教育の特色は「重厚な教養主義」

併設の千葉中学校から千葉高に進学してくる内進生80名(男子40名と女子40名)は、1年次で高校からの外進生240名といっしょのクラスになります。1学年8クラスで、内進生は男女均等に各クラスへ編成されます。

カリキュラムは、1・2年次が共通履修です。3年次に文系クラスと理系クラスに分かれます。

カリキュラムについて高岡校長先生は「本校は『重厚な教養主義』を特色としています。1・2年では理科4教科、社会4教科をすべて学び、教科書を超えた発展的な授業を展開しています。普段の授業では、大学受験対策に特化するのではなく、すべての教科で基礎・基本を重視し、広く深く学ばせるカリキュラムを実施しています。3年次の文理分けでは、文系が3クラス、理系が5クラスとなっています」と説明されました。

千葉高の土曜日は部活動などに使われて、授業はありません。平日の補習は各教科で先生方が独自に実施しています。高岡校長先生は「教員は積極的に生徒を指導しています。理科の授業に出られなかった生徒に対して、別の日の放課後を使って同じ実験ができる機会を設けるなど、親身な指導が行われています。また、生徒がわからないところについて教員へ質問する光景や、生徒同士で勉強を教えあう姿なども日常的にみられます」と説明されます。

3年間で取り組む「千葉高ノーベル賞」

千葉高独自の取り組みとしては、2005年（平成17年）から総合学習の一環として行われてきた「千葉高ノーベル賞」

があげられるでしょう。

まず、1年次に生徒1人ひとりが、人文科学、社会科学、自然科学、スポーツ・芸術の4分野から自分なりに興味関心を持ったテーマを見つけることから始まります。そして、指導教諭の助言を受けながら、3年まで調査研究を進めていきます。最終的には、4分野で発表された作品のなかから、分野ごとに最も優れた作品が選ばれ、全校生徒が集まるなかで表彰式が行われます。受賞作品は、毎年『千葉高ノーベル賞論叢』という冊子にまとめられます。

2013年（平成25年）度には、「コミュニケーション能力を向上させるには…？」「軍医療面から見た旧日本軍の衰退」「検非違使忠明」「ベートーヴェンのピアノ・ソナタ『悲愴』の独創性に対する彼の心理の分析」が受賞しました。

「内進生は高校入試がないので、知的好奇心を伸びのびと活かせる場で3年間を過ごします。彼らの持つ雰囲気や考え方が、受験を勝ち抜いてきた外進生に非常によい影響を与えています。プレゼンテーション能力や知識の追究方法を培った内進生と、勉強熱心な外進生がうまく刺激しあい、校内が活性化しています。」（高岡校長先生）

また、SPP（サイエンス・パートナーシップ・プロジェクト）事業では、東京医科歯科大と連携したプログラムが実施されています。2013年度（平成25年度）のテーマは「先端工学による疾患研究の最前線」です。

進路指導にも細かな配慮がある

進路指導は、「進路指導年間指導計画」が設定され、1年生・2年生・3年生それぞれに対応した形で行われています。

おもな進路関係行事を紹介しましょう。1年生では1学期に東京大学見学会が行われます。2学期には実力テストが実施されます。病院などの医療機関や法律事務所などを訪ねる「インターンシップ」も行われます。3学期には学部学科説明会が開かれ、大学4年生、大学院生などの先輩方からさまざまな経験談を聞くことができます。

2年生は1学期に東京大学見学会があり、1・2学期に千葉高の先生方が作る校内実力テストおよび外部模試が実施されます。2学期には大学教授などが講義する「模擬講義」もあります（希望者は1年生も参加可能）。3学期には大学入試センター試験模擬体験が行われます。

3年生でも、校内実力テストと外部模試があります。3学期には「医学部対象面接講座」が開かれ、今春医学部に合格した卒業生が、面接・小論文などの対策を医学部希望者に伝えます。さらに、模擬面接も行われており、対策は万全です。

修学旅行

修学旅行は京都に行きます。京都大へ進学した卒業生たちとの交流などもあり、思い出に残る行事です。

文化祭

千葉高の文化祭は、演劇発表を行うクラスが多いことが特徴です。創作意欲の強い千葉高生らしさがうかがえます。

入学式

授業風景

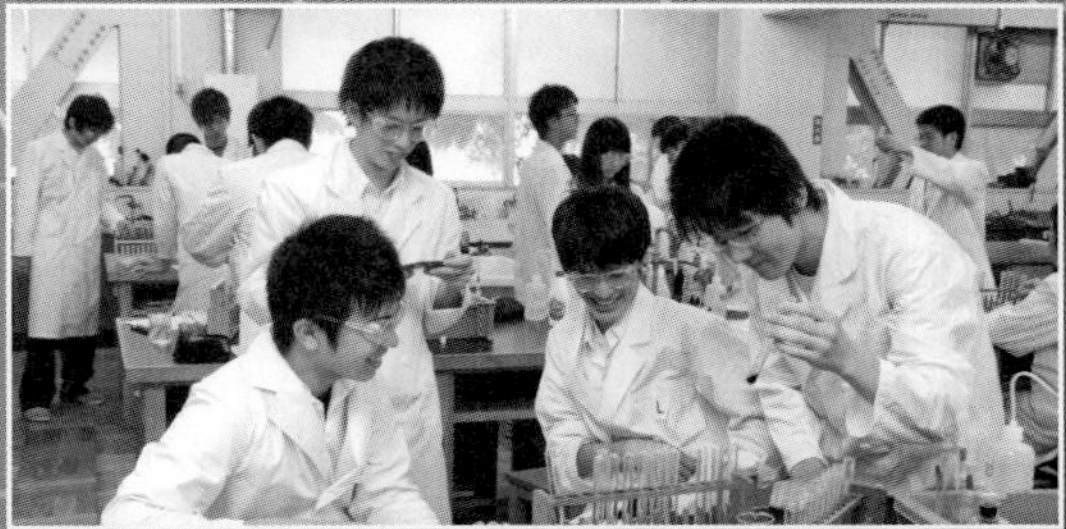

球技大会

写真提供・㈱学校写真

大学進学へ向けて髙岡校長先生は「教員に対して話しているのは、センター試験の内容が変わればそれに適用できるように教科指導の内容を変えていくという意識を持ってほしいということです。

　大学受験にばかり翻弄されることはないけれども、フレキシブルであってほしいと思っているからです」と語られました。

生徒たちが個性を磨く「自由な学校」が校風

　千葉高は、毎年、国公立大・難関私立大へのすばらしい合格実績をあげています。髙岡校長先生は「本校では文武両道を奨励しています。部活動にはほぼ全員の生徒が参加しています。部活動は異年齢集団との交流を通じて豊かな人間性を育む場としても大いに意義があると考えています。また、本校には、大学受験に対して、『第1志望は譲らない』という気持ちを強く持つ伝統があります。教員が指導しているわけではなく、部活動などの上級生と下級生との交流を通して、先輩たちから自然に伝承されてきた姿勢といえます」と話されました。

　緑が多く自然に恵まれた環境で、千葉高生たちは、1人ひとりの個性を磨いています。千葉高にはどのような生徒さんに来てほしいのかをお聞きしたところ、「自分を鍛えるために努力を惜しまない生徒さんです。本校には個性あふれる生徒が集まってきていますから、切磋琢磨できます。こうした環境のなかで、意欲を持って生活していけると思う生徒なら、思いっきり自分のやりたいことをやってもらえると思います」と髙岡校長先生がおっしゃられました。

School Data

所在地	千葉県千葉市中央区葛城1-5-2
アクセス	JR外房線・内房線「本千葉駅」・千葉都市モノレール「県庁前駅」徒歩10分
TEL	043-227-7434
生徒数	男子601名、女子377名
URL	http://www.chiba-c.ed.jp/chiba-h/

✣3学期制　✣週5日制
✣月・木6時限　火・水・金7時限　✣50分授業
✣1学年8クラス　✣1クラス40名

2013年度（平成25年度）大学合格実績（ ）内は既卒

大学名	合格者	大学名	合格者
国公立大学		私立大学	
北海道大	8(2)	早大	158(54)
筑波大	6(0)	慶應大	115(40)
千葉大	44(14)	上智大	55(22)
東大	25(12)	東京理大	86(37)
東京医科歯科大	2(1)	青山学院大	20(6)
東京工大	11(3)	中央大	40(14)
東京外大	1(0)	法政大	34(13)
東京学芸大	2(0)	明治大	88(43)
東京農工大	4(1)	立教大	41(21)
一橋大	12(2)	国際基督教大(ICU)	4(1)
お茶の水女子大	4(2)	学習院大	6(2)
横浜国立大	7(1)	津田塾大	10(3)
京都大	5(1)	東京女子大	11(3)
その他国公立大	36(28)	その他私立大	122(49)
国公立大合計	167(67)	私立大合計	790(308)

和田式 教育的指導

いよいよ入試本番！合格を呼ぶ入試直前の心得とは

いよいよ入試本番が近づいてきました。入試まであと数日、という直前期には、どのように過ごせばよいのか。また、入試の前日・当日に気をつけることとはなんなのか。合格を呼び寄せるポイントを伝授します。しっかりと確認して当日を迎える心がまえをしましょう。

本番が大事だからこそリハーサルに重きをおく

何事においても、ぶっつけ本番でうまくいくということはほとんどありません。そもそも、きちんとリハーサルをしないでうまくいくと思ってしまうこと自体が甘い考えと言えます。

入試に限らず、本番が成功するかどうかは、リハーサルをどのくらいきちんと行っていたかで決まります。

ですから、いまのような受験直前期には、入試本番のリハーサルをすることを意識して勉強に取り組みましょう。

志望校の過去問を解くこともリハーサルの1つと言えますね。受験生は、すでに何度も解いていると思いますが、入試の前日や前々日などには、最終チェックのために再度解いてみることをおすすめします。

その際には、志望校入試の問題傾向を確認するのはもちろん、設問を解く際はどの順番で解くのがいいか、問題に取り組む時間配分はどうすれば一番いいかなどもきちんとチェックしておくと安心です。

入試前夜に眠れないときは

入試の前夜には、緊張してなかなか眠れなくなってしまうことがあり

Hideki Wada

和田秀樹

1960年大阪府生まれ。東京大学医学部卒、東京大学医学部附属病院精神神経科助手、アメリカのカールメニンガー精神医学校国際フェローを経て、現在は川崎幸病院精神科顧問、国際医療福祉大学大学院教授、緑鐵受験指導ゼミナール代表を務める。心理学を児童教育、受験教育に活用し、独自の理論と実践で知られる。著書には『和田式　勉強のやる気をつくる本』（学研教育出版）『中学生の正しい勉強法』（瀬谷出版）『難関校に合格する人の共通点』（共著、東京書籍）など多数。初監督作品の映画「受験のシンデレラ」がモナコ国際映画祭グランプリ受賞。

ます。眠れないときというのは、よけいに「早く寝なきゃ!」と焦ってしまい、ますます眠れなくなってしまうものです。

このような場合には、無理に眠ろうと思わないことがポイントです。身体や脳は、横になっているだけでも十分休まりますから、少しくらい眠れなくても大丈夫だと考えましょう。

むしろ、「明日は大事な入試だから、絶対に寝なければならない」という強迫観念を持ったままだと、緊張状態が続き、眠れないうえに身体の疲れもとれなくなってしまいます。焦る気持ちを抑え、心を落ち着かせることが大切なのです。

気持ちだけではなく、ぐっすりと眠るために、寝る前には部屋を暖かくして寝つきやすい環境を作っておいたり、体操や縄跳びなどでほどよく運動したあとに温かいお風呂に入って身体をほぐしリラックスさせるなど、眠りやすいコンディションを準備するように心がけるとさらに効果的です。

入試当日に気をつける3つのポイントを伝授

いよいよ試験当日。最後に、心がけたい3つのポイントについてお話しします。

まず1つ目は、「緊張のしすぎに注意する」ことです。試験当日は緊張するのが普通です。むしろ適度に緊張しているぐらいの方が集中して試験に取り組めるでしょう。

ただし、緊張しているのが当たり前だといっても、過度な緊張はパニックを起こしたり、ミスを引き起こす要因にもなりますので、注意するようにしましょう。

2つ目のポイントは、「緊張をやわらげるように努める」ことです。緊張のしすぎを防ぐために、手軽にリラックスできる方法を考えておきましょう。リラックスする方法は人それぞれ。自分にぴったりの方法がきっとあるはずです。

例えば、合格祈願のお守りやかわいがっている犬や猫の写真など、持っていることや見ることで気持ちがやわらぐものを用意しておくのもよいでしょう。

あるいは、脳の緊張を緩和するために必要な方法としてよく言われていることですが、「笑い」を取り入れることもおすすめです。気に入っているジョーク集などを持っていき、試験前に開いてみることで緊張状態が緩和されるということもあります。

3つ目は、「備えあれば憂いなし」です。試験会場までの交通機関を確認しておくことや、トイレの場所をチェックしておくなど、些細《ささい》なことではありますが、試験当日に余計な緊張や焦りを生まないように、事前に調べられることや準備できることはきちんと備えておきましょう。

みなさんの健闘をお祈りしています。頑張ってください。

教育評論家 正尾 佐の

高校受験指南書

【八拾六の巻】今年出た難しい問題3

国語

年が明けて、高校入試の本番もすぐそこまで近づいてきたね。さあ、前号の続きだ。筑波大駒場の問題の問一と問二は済んでいる。今号は、続きを解こう。問題文は以下だ。

次の文章を読んで、後の問いに答えなさい。

　詩を書くということや詩のことばとは直接繋《つな》がりはないのだが、送られた手紙にまるで詩のようなものを感じるときがある。「それでもなお子どもは希望です。子どもと子どもを育てる若い人たちがいてくれるからぼくは生きていられる。生きている意味を自分の中に探し得る、という気がします」

　最近送られてきた、こども文化の研究者であるSさんからの手紙である。

　私はSさんに葉書を出していた。二〇一一年の三月十一日からふた月ほどして生まれてきた孫のことが頭にあり、東日本のさまざまな被災（東京にいても安全とはいいがたい）や、この国の基盤の脆《もろ》さ、あやうさを嘆く気持ちがあって、〝うかがいたいことは山ほどある。どう生きていったらよいのでしょう〟と書き送った。その返事である。

　パンドラの箱のいちばん最後に現れた希望。夢や愛や希望ということばは、大安売りの感があり、詩の中でつかわれるとそれだけで詩世界が通俗に失墜してしまいかねない要注意単語だが、ことばを失うほどの圧倒的なゲンジツの襲撃があった場合、ありきたりなその語のイメージが削《そ》ぎ落とされ、語本来の意味が立ちあがってくる。〝絆《きずな》〟という語が二〇一一年の流行語大賞にノミネートされたが、やや大仰なそのことばも、起きてしまった大惨事を思えば切実な響きを持つだろう。ただし、私には先の大戦での一億総火の玉や、総玉砕といった、日本人が一丸となって事にあたることへの必要以上の危惧がある。絆も、夢や愛や希望とはまた①違った意味の要注意単語の範疇《はんちゅう》かもしれない。

　Sさんのいう希望は、私のように身近に赤ん坊がいなくても実感を伴っていて、その生命の火をそっくり両手に受けとめている人の、ぽつりと呟《つぶや》かれたことばのように感じられた。

「子どもと子どもを育てる若い人たちがいてくれるからぼくは生きていられる」を、もう一度「生きている意味を自分の中に探し得る、という気がします」といいかえているところにも、②暗闇に灯《ひ》を探す人の手つきを感じるのだが、それにしても血族や肉親という観念に縛られずに、どのような子ども、子を育てるどのような若い人でも、といった対他への開かれ方が、誰にでも備わっているわけではないと思うのだ。

「今年はいろんなことがありすぎました。何ひとつ決着がついていません。どうすればいいのやら、ぼくにはさっぱりわかりません。真剣に生きている人たちのせめて足を引っぱらないようにしたいと思います」

　傍観者に都合のよいことばにもなり得るが、積極的で能動的な姿勢を常としてきたSさんがいうので、ああ、このような行き方もあるとうなずいた。

　そして手紙はこう続く。

「庭の木蓮《もくれん》の葉がバサバサ音をたてて散るので、少しばかりそうじしました。そうしたらカマキリと緑色のウマオイの大きいような虫が、瀕死《ひんし》の状態で地面に横たわっていました。でも手足をまだ動かします。

　雨のかからないところへ持っていって、そこで休んでもらうことにしました。そんなふうに小さないのちが二つ消えていきます。ディキンソンだったらどうしたろうかなんてふと思いました」

十九世紀のアメリカの詩人であるエミリ・ディキンソンは、五十五歳で亡くなるまで、詩人としては無名の存在だった。今は一八〇〇篇《へん》近くの全詩集が刊行され、愛好者は世界にいる。生涯独身で通し、三十代以降屋敷や庭に閉じこもって暮らした人である。

落葉には放射線の数値が高いとして、掻《か》き集めてから処分しなければならない今の私たちの立場にたったら、この詩人は何をどのように書いたか、Sさんはここで③私の問いかけに、暗に答えてくれているように思う。

ディキンソンに、無名であることに意味を見出《いだ》している詩がある。確か雨期の蛙《かえる》みたいに泥土に自分の名を連呼するなんてまっぴらというような内容だった。

ひそやかな者であること、けれど注意深く目を見開いていること。多分、ことばはちょっとしたことでもすぐ喉奥に引っこむ臆病な性質《タチ》なので、そうした姿勢が必要なのだ。書くことにおいて有名であることは負荷がかかる。世間に認められつつ、書き続けるのは④矛盾を生きることだ。自分が純粋で純情だと蛙《かえる》のようにいいふらすなんて、ほんとうに恥ずかしい。

ディキンソンだからこそ、あるいは同じく生前無名だった金《かね》子《こ》みすゞや宮澤賢治《みやざわけんじ》だからこそ、そのことばが素直に読む人の心に滲《し》み入っていき、愛されるのではないか。作品はその創り手から離れて自立しているが、一読者としては繋《つな》げて享受してしまう側面が確かにある。

（井坂洋子《いさかようこ》「カマキリとウマオイの庭」による）

（注）パンドラの箱…ギリシャ神話による。神がすべての災いを詰めた箱で、決して開けてはならないものとされる。箱から災いが外に放たれたとき、最後に希望が残されていたという。

ウマオイ…バッタに似た昆虫。秋にスイッチョと鳴く。

前号では、問題文の(8)段落まで読んで、問一と問二を解いた。

問一、——①「違った意味の」とは、どういうことですか。説明しなさい。

問二、——②「暗闇に灯《ひ》を探す」は、どのようなことの喩《たと》えですか。説明しなさい。

問いの解答はこうだった。

問一の解答例1

夢・愛・希望も絆も要注意単語だが、夢・愛・希望は、詩の中でつかわれるとそれだけで詩世界が通俗に失墜してしまいかねないのに対して、絆は日本人が一丸となって事にあたることへ危惧がある、という違い。

問二の解答例1

どう生きていいのかわからない中で、子どもと子どもを育てる若い人たちのおかげで、自分の生きる意味を自分の中に探すことのたとえ。

このような解答でも得点できるが、問題文中の語句をそのまま並べただけでは、本当に深く問題文を理解できているかどうかはわかりにくい。だから、もう少し異なる書き方の解答を示したね。自分の理解度を採点者に伝えるための解答例だ。

問一の解答例2

同じ要注意といっても、「夢・愛・希望」は詩に用いると通俗な表現になりがちな語だが、「絆」は国民全員を誤った行動に導く心配がある語だという違い。

問二の解答例2

これからどう生きるべきか答えがないような大震災後の絶望的な状態の中で、それでも幼い子どもたちと若い大人たちとともに生きることに、意味を見出そうとすることのたとえ。

では、次へ進もう。

(9)傍観者に都合のよいことばにもなり得るが、積極的で能動的な姿勢を常としてきたSさんがいうので、ああ、このような行き方もあるとうなずいた。

東日本大震災の衝撃で、筆者の井坂さんは「どうやって生きていったらよいの」かわからなくなった、そして、Sさんに手紙を出した。

Sさんは「どうすればいいのやら、ぼくにはさっぱりわかりません」と言いながらも、「子どもと子どもを育てる若い人たちがいてくれる」という理由で、「ぼくは生きていられる」と答えた。これから未来を生きていく幼い人・若い人のそばで、Sさんも生きており、自分の「生きている意味を自分の中に探し得る」ような気がすると、Sさんは返事を書いたのだ。これが、問二の解答につながっている。

それについて、井坂さんは、(9)段落で「ああ、このような行き方もある」と述べている。「行き方」は「生き方」と同じ意味だ。

(10)そして手紙はこう続く。

(11)「庭の木蓮《もくれん》の葉がバサバサ音

をたてて散るので、少しばかりそうじしました。そうしたらカマキリと緑色のウマオイの大きいような虫が、瀕死《ひんし》の状態で地面に横たわっていました。でも手足をまだ動かします。
⑿雨のかからないところへ持っていって、そこで休んでもらうことにしました。そんなふうに小さないのちが二つ消えていきます。ディキンソンだったらどうしたろうかなんてふと思いました」
⒀十九世紀のアメリカの詩人であるエミリ・ディキンソンは、五十五歳で亡くなるまで、詩人としては無名の存在だった。今は一八〇〇篇《へん》近くの全詩集が刊行され、愛好者は世界にいる。生涯独身で通し、三十代以降屋敷や庭に閉じこもって暮らした人である。
⒁落葉には放射線の数値が高いとして、掻《か》き集めてから処分しなければならない今の私たちの立場にたったら、この詩人は何をどのように書いたか、Sさんはここで③私の問いかけに、暗に答えてくれているように思う。

⑾段落と⑿段落は、Sさんからの手紙の続きだ。Sさんは「ディキンソンだったらどうしたろうかなんてふと思いました」と記している。

筆者の井坂さんは、「Sさんならどう生きるだろうか」と思って手紙を書いた。すると、Sさんは「ディキンソンならどうしたろうか」と返事をよこした。井坂さんはSさんに教わろうとし、Sさんはディキンソンに学ぼうとしたのだ。

ここで問三が与えられている。

問三、――③「私の問いかけに、暗に答えてくれている」について、次の⑴・⑵に答えなさい。
⑴「私の問いかけ」とは、どのような「問いかけ」ですか。
⑵どのような「答え」だと考えられますか。自分の言葉で説明しなさい。

⑴については、もうわかっているね。⑷段落に明白に書かれている。

⑷私はSさんに葉書を出していた。二〇一一年の三月十一日からふた月ほどして生まれてきた孫のことが頭にあり、東日本のさまざまな被災（東京にいても安全とはいいがたい）や、この国の基盤の脆さ、あやうさを嘆く気持ちがあって、〝うかがいたいことは山ほどある。どう生きていったらよいのでしょう〟と書き送った。その返事である。

ここから、こんな解答例を考えた人もいる。

解答例1
基盤のあやういこの国にあって、どのように生きていけばよいかということ。

⑷段落の要点をまとめたようにみえるが、あまり適切ではない。なぜなら、「東日本のさまざまな被災（東京にいても安全とはいいがたい）や、この国の基盤の脆《もろ》さ、あやうさを嘆く気持ちがあって」という個所の「や」を無視しているからだ。

「や」は並列を表わす助詞だから、

東日本のさまざまな被災
や
この国の基盤の脆《もろ》さ、あやうさ
を嘆く気持ち

という形だ。だから、「この国の基盤の脆《もろ》さ、あやうさ」だけを答えるのは適切でない。「東日本のさまざまな被災」と並べなければならない。それだけではない。「（〜被災や、〜脆《もろ》さ、あやうさを）嘆く気持ち」というのは、

〜のことが頭にあり
〜を嘆く気持ちがあって、
……と書き送った

という形だ。Sさんに手紙を書き送ったのは、あることが「頭にあり」。そしてもう1つ、あることを「嘆く気持ちがあっ」たからだ。

だから、解答例1のように「基盤のあやういこの国にあって」というのは不十分すぎる。「頭にあ」ることと、「嘆く気持ち」の2つを並べなければならない。「頭にあ」ることとは「二〇一一年の三月十一日からふた月ほどして生まれてきた孫のこと」であり、「嘆く」のは、「東日本のさまざまな被災」や、「この国の基盤の脆《もろ》さ、あやうさ」だ。

というわけで、次のように書き直さないといけないことになるのだ。

解答例2
東日本大地震の直後に生まれた孫の将来を気づかい、その大地震の被災や危険で脆い日本の基盤を嘆いて、これから自分がどう生きるべきか、という問いかけ。

次は問三の⑵だ。これはわざわざ「自分の言葉で」と指定されている。

Sさんの答えは手紙の2カ所に暗示されている。1つは⑻⑼段落だ。

⑻「今年はいろんなことがありすぎました。何ひとつ決着がついていません。どうすればいいのやら、ぼくにはさっぱりわかりません。真剣に生きている人たちのせめて足を引っぱらないようにしたいと思います」
⑼傍観者に都合のよいことばに

もなり得るが、積極的で能動的な姿勢を常としてきたSさんがいうので、ああ、このような行き方もあるとうなずいた。

(8)段落で、Sさんは「どうすればいいのやら、ぼくにはさっぱりわかりません」と言いながら、「真剣に生きている人たちのせめて足を引っぱらないようにしたい」と述べている。それについて、井坂さんは「ああ、このような行き方もあるとうなずいた」と書いている。「うなずいた」というのは、『肯定する・賛成する・同意する』ということだから、「真剣に生きている人たちの……足を引っぱらない」生き方が答えの1つになっているわけだね。もう1つは、(12)(14)段落にある。

(12)雨のかからないところへ持っていって、そこで休んでもらうことにしました。そんなふうに小さないのちが二つ消えていきます。ディキンソンだったらどうしたろうかなんてふと思いました」
(14)落葉には放射線の数値が高いとして、掻《か》き集めてから処分しなければならない今の私たちの立場にたったら、この詩人は何をどのように書いたか、Sさんはここで③私の問いかけに、暗に答えてくれているように思う。

「今の私たちの立場にたったら、この詩人は何をどのように書いたか」がもう1つの答えだ。それは、(15)(16)段落にある。

(15)ディキンソンに、無名であることに意味を見出《いだ》している詩がある。確か雨期の蛙《かえる》みたいに泥土に自分の名を連呼するなんてまっぴらというような内容だった。
(16)ひそやかな者であること、けれど注意深く目を開いていること。多分、ことばはちょっとしたことでもすぐ喉奥に引っこむ臆病な性質《タチ》なので、そうした姿勢が必要なのだ。書くことにおいて有名であることは負荷がかかる。世間に認められつつ、書き続けるのは④矛盾を生きることだ。自分が純粋で純情だと蛙《かえる》のようにいいいふらすなんて、ほんとうに恥ずかしい。

ディキンソンは「無名であることに意味を見出《いだ》している」のであり、その「無名」ということをもっと具体的に言うと、「ひそやかな者であること、けれど注意深く目を開いていること」だと書かれている。

これで、解答を作る手がかりがわかった。「真剣に生きている人たちの……足を引っぱらない」ことと、「ひそやか」だが「注意深く目を開いていること」という2つだ。こういう生き方を「自分の言葉で」述べると、よい解答になる。「真剣に生きている」というのは、どういう生き方だろうか。それは色々な言葉で言えるだろう。「真剣」という語は、『まじめ・本気』という意味だから、『どんなことも本気で行って生きる』とか『何事もまじめにして生きる』と答えてもいいだろう。『嘘いつわりなく生きる』と答えてもいい。別の言い回しで、『物事にまっとうに向かいあって生きる』と答えてもいい。

「足を引っぱ」るは『妨げる・じゃまをする』ことだから、『本気でまじめに生きている人たちのじゃまをしない』生き方ということになる。また、「ひそやか」とは『こっそりともの静か』とか『ひっそりとして人に知られない』という様子だ。

「注意深く目を開いていること」は、『見落としがちな物事をしっかりととらえられるように見つめていること』だね。これらを1つにまとめると、例えばこんなふうになる。

解答例
本気になってまじめに生きている人たちのじゃまをせずに、大切なことを見落とさないでもの静かに物事を見つめ続ける生き方。

最後の問はこうだ。

問四、――④「矛盾を生きる」とありますが、何と何が「矛盾」するのですか。説明しなさい。

「世間に認められつつ、書き続ける」ことが「矛盾に生きる」ことだ。「世間に認められ」ると有名になる。有名な詩人になる。有名な詩人になって詩を書き続けることが「矛盾に生きる」、矛盾を抱えたまま生きるということだ、と筆者は考えている。

それは「自分が純粋で純情だと蛙《かえる》のようにいいいふらす」ことだとも記されている。つまり、詩人は「純粋で純情」な人だ。だから、有名な詩人が作品を発表することは、「私はこんなに純粋で純情な感じ方をするのですよ」と言いふらすことだと、意地悪な見方もできるわけだね。

それで、「自分の名を連呼するなんてまっぴら」だという詩を書いたディキンソンのような、無名だった詩人を賞賛しているというわけだ。

解答例
純粋で純情な詩人であることと、世間の人々に認められた有名な詩人であること。

難しい問題だといっても、必ず問題文そのもののなかに答えの作り方が示されている。前号と今号を読めば、それがわかるはずだ。ぜひとも、そういう力を試験場で発揮しよう！

宇津城センセの受験よもやま話

ある少年の手記⑩

宇津城 靖人先生
早稲田アカデミー　特化ブロック　ブロック長
兼 ExiV西日暮里校校長

「紫陽花《あじさい》はやっぱり青いものがいい…。」

　畑中さんはそういって目を細めた。窓際に置かれた花瓶へと目を向けたままだったけれど、その目はどこか遠いところを見ているように思えた。

「出版社の人って？」

「…ああ、私の半生を本にするらしくてね、取材を受けているんだよ。もう半年くらいかな、色々と世話になっている。」

「へえ！　すごいですね！　本になるくらい波乱万丈な人生だったんですか？」

　無邪気に聞いたぼくの質問は、畑中さんの心情をまったく慮《おもんぱか》っていないものだった。畑中さんの表情が一気に曇った。ぼくはそれを感じ取ってすぐに謝った。

「…あの、…すみません。無神経なことを聞いてしまいました。」

　畑中さんは眉間に皺《しわ》を寄せていたけれど、その目にぼくは写っていないようだった。自らの半生に思いをはせ、なんらかの苦悩と闘っているように見えた。

「…まあ、波乱万丈と言えなくもないかもしれない。」

　ボソッと畑中さんは言った。

「すまんが、横にならせてもらうよ。」

　そう言ってベッドに横たわると、畑中さんはジーっと天井を見つめていた。

「だれしもが、人生のなかで『ああしておけばよかった』と後悔することの1つや2つを持っているものだよ。」

　天井を見上げたまま畑中さんは自分に言い聞かせるかのように言った。

「わたしの人生にも大きな過ちがあったよ。その結果、家族を不幸にしてしまった。私自身も不幸になったがね。」

　畑中さんのこの話はモノローグだ。ぼくが気安く相槌《あいづち》を打ったりするものでもないし、ぼくにリアクションを求めたりするものでもない。ぼくはじっと畑中さんの顔を見つめていた。その顔には、これまでずっと苦しみと闘ってきたことを示すかのように、深い皺が刻み込まれていた。

「最期に、こうやって死んでいくというときに私の周りにだれもいないのは、私自身の過ちのせいなのだよ。青い紫陽花を育ててきたのも、ずっとその過ちを忘れないためだ。紫陽花を育てることは私にとって贖罪《しょくざい》なんだ。」

　そのとき、部屋にノックの音が響いた。

「今日は来客が多いな。どなたかね？」

　ガラリと扉がひらいた。ぼくが振り返るとそこには看護師が2人いた。

「失礼します！　畑中さん、ごめんなさいね。ちょっとご紹介させてください。本日から畑中さんのお世話をさせていただくことになりました、こちらは…。」

「倉田と申します。よろしくお願いします。」

「あ!?　く、倉田さん！　どうして!?」

僕は驚きのあまり立ちあがっていた。

「え？　宮下くん!?　なんでここに!?」

　倉田さんも驚いて口に手を当てている。

　ぼくらがびっくりして大きな声を出してしまったのが気に食わないのか、看護師はぼくたちの間に割って入るようにして、倉田さんに聞いた。

「なに？　倉田さん、お知り合いなの？」

「は、はい。以前バスで助けていただいた方で。」

「そう、すごい偶然ね。それはびっくりするわよね。でも、いまはお仕事だからきちんと畑中さんにごあいさつして。」

「あ、は、はい。すみませんでした。」

　２人は畑中さんの方に向き直った。

「本日より、ボランティアとしてお手伝いをさせていただくことになりました、倉田と申します。どうぞよろしくお願いいたします。」

　言いながら倉田さんはお辞儀をした。

「と、いうわけだから、畑中さん、よろしくお願いしますね。倉田さんも初めてだから、色々行き届かないことがあるかもしれないけれど。」

　ベッドの上で起きあがっていた畑中さんは、倉田さんを見つめたまま動かない。

「畑中さん？」

　看護師が怪訝《けげん》そうに声をかけるが、反応がない。

「…似ている。」

　ぼくは畑中さんがそうつぶやいたのを聞いた。なにが似ているのだろうか、倉田さんが？　だれかに？

「畑中さん！」

　看護師が大きな声を出すと、畑中さんはハッとして我にかえった。

「…ああ、はい。こちらこそよろしくお願いしますね。お手数をかけますが。」

「もう、畑中さん、若い女の子が来たからって見とれてちゃダメですよ。色々といたらないことがあるかもしれませんけど、なんでも言ってくださいね。」

　畑中さんの耳には届いていないようだ。また倉田さんをじっと見つめている。

「お、お嬢さん、ちょっといいかね？」

「は、はい。」

「あんた、下の名前はなんていうんだい？」

「さ、沙希です。」

　畑中さんの表情が変わった。眼光鋭いとはこういう顔を言うのだと思った。

「さ、さっちゃん…か。」

「いやだ、畑中さん！　若い女の子にだけ下の名前で呼ぶとか、ダメですよ！」

　看護師が屈託なく話しかけるが、畑中さんの耳には届いていないようだった。

「お嬢さん、お母さんの名前は…、いや、お母さんは…元気かね？」

　倉田さんはキョトンとしている。

「…母ですか？　ええ、元気ですけど…。母がなにか？」

「お母さん似だと言われんかね？」

「はい。母とそっくりだとよく言われます。」

「そうだろう…。」

　そう言いながら畑中さんは突然泣きだした。

「畑中さん！　どうしたんですか!?」

「畑中さん！　大丈夫ですか!?」

　看護師さんとぼくはほぼ同時に畑中さんにかけ寄った。

「うう…。うう…。」

　大の大人が、老年を迎えた男性が嗚咽《おえつ》するなんて、ぼくは衝撃を受けた。いったいなにがあったというのか。倉田さんのお母さんが関係することなのだろうか。ぼくたちは畑中さんが落ち着くまで、しばらくその場に立ち尽くしていた。

「私が母に似ていることが、いけないことだったのでしょうか？」

　倉田さんが気まずそうに、申し訳なさそうに言った。ようやく畑中さんの呼吸が落ち着いてきた。

「そんなことでは、泣いたりしないんじゃないですか。」

　ぼくはポツリとつぶやいた。

「でも、私が母に似ていると聞いた途端に…。」

「…そ、そうじゃないんだ…。」

　畑中さんが、ようやく落ち着いた。

「ぶは、ち、ちーん！」

　畑中さんは大胆に鼻をかむと、丸めたティッシュをゴミ箱に向かってポイっと投げた。ティッシュはゴミ箱のふちに当たって床に落ちた。

「すまなかったね。みっともないところを見せてしまって。」

「ホントにどうしちゃったんですか畑中さん？　大丈夫ですか？」

　看護師が明るく話しかけるが、畑中さんは目もくれない。その代わり、その目は倉田さんを捉えて離さない。

「昔のことを思い出してしまっただけなんだ。君が君のお母さんに似ていることは、別にいけないことではない。」

　そう言って畑中さんはティッシュで顔を拭いた。そしてまたそのティッシュを丸めると、ゴミ箱に向かって投げた。今回もゴミ箱のふちに当たって、ティッシュは床に落ちた。

「でも、私がきっかけで昔を思い出してしまったのですよね。」

「…まあ、それはそうだが、それでも決して君が悪いんじゃない。」

　畑中さんはゴミ箱から倉田さんへと目を動かしながらそう言った。

「お嬢さん。こっちへ来て、よおく顔を見せてくれないか。」

「は、はい。」

　倉田さんは畑中さんのベッドのそばへと歩み寄った。畑中さんの眼光に鋭さが戻ってきた。

「私が、だれかに似ているんですか？」

　畑中さんは答えない。じっと倉田さんを見つめている。

「君のお母さんは、ジャズは好きかね？」

「え、は、はい。」

「そうか。」

「あの、先ほどから母のことをお尋ねになりますが、母が、なにか…。」

　ゴホンと咳払いをすると、畑中さんはようやく目を倉田さんからそらした。そして窓際に飾られた青い紫陽花を眺めた。

「昔、ジャズが好きで、あんたによく似た女の人がいたんだよ。」

WASE-ACA TEACHERS

グレーゾーンに照準！ 今月のオトナの言い回し 「一事が万事」

「一事」は「いちじ」とそのまま読みます。文字通り「一つのこと」という意味ですね、言うまでもなく。「万事」については「ばんじ」と読みます。「すべてのこと」「あらゆること」という意味になります。ですから合わせて、「一つのことがそのすべてのことを表す」という意味になるわけですね。

「（1）事が（2）事」、（1）と（2）に当てはまる漢数字を書きなさい。と、いったように慣用表現に漢数字が使われている場合には、知識問題として入試にも出題される可能性がありますからね、要チェックですよ。

まったく余計な話になりますが、筆者の脳裏には「一事がバンジージャンプ」というフレーズがこびりついています（笑）。「一つひとつのことが、度胸試しのチャレンジだ！」という意味にでもなるのでしょうか？　これは今から四半世紀近く前に、某大学の学園祭で「テーマ」として掲げられていたものです。筆者の弟が、学生オペラ劇の主役を演じていたということもあり、保護者気分でのぞきに行った学園祭でしたので、強烈に印象に残っているのですよ。「ニチゲー」と呼ばれる、日本大学芸術学部のハナシです。

閑話休題。「一事が万事」の用法ですが、一つの出来事や現象を見れば、表には現われていない他の全てまで推察できる、という意味合いになりますので、ほとんどの場合、あまり好ましくない一面によって、隠れた面を推察する時に使われることになります。

ビジネスのシーンではこんな風になるでしょう。上司から会議用の準備資料を提出するように求められた場合を考えてみてください。部下は「これでいかがでしょうか」と資料を持ってきますよね。その際に、提出資料の出来栄えひとつで、その人の仕事の質というものは大方見えてくる！　というのがここでの用法になります。そろえておくべきものがいくつも抜けているようであれば、他の仕事においても、ケアレスミスを連発しているはずだと「推察」されてしまうことになります。あるいは、複数の資料が雑にホチキスで束ねられているようならば、普段から資料全般の整理が雑であることは容易に「推察」されてしまうことになるのです。「一事が万事、君の仕事のレベルは、推して知るべしだ！」といった具

国語 東大入試突破への現国の習慣

人間は複雑で 多面的な存在です。 自分を限って しまわないように！

田《た》中《なか》 利《とし》周《かね》先生

早稲田アカデミー教務企画顧問

東京大学文学部卒。東京大学大学院人文科学研究科修士課程修了。文教委員会委員。現国や日本史などの受験参考書の著作も多数。早稲田アカデミー「東大100名合格プロジェクト」メンバー。

合です。あっ、この「推して知るべし」という言い回しも、オトナの用法として頭に入れておいた方がいいですよ！　「容易に推察できる」という意味になりますからね。

　このように、上司から部下への苦言として使われることからもわかるように、「一事が万事」という言い回しが使われるシーンでは、立場が上にある者から下の者への「指導」という意味合いが強調されている、と理解することもできるでしょう。中学生の皆さんにとってなじみのあるシーンを描くとするならば、部活動の顧問の先生が、生徒の練習の態度に対して細々と注意をする、といったような場面になります。それは「躾(しつけ)」ということもできるでしょう。皆さんにとっては「そんなことをわざわざ言わなくても…」と感じるレベルのものこそ、「躾」にとっては重要だったりするのです。先ほどの例でいえば、資料のホチキスの留め方にまで文句をつけるというのは、まるで一昔前のドラマに出てくる「姑の嫁イビリ」のようです。けれども「細かいことを言って…いちいちうるさいな！」といった反応が返ってくることを承知で指摘するということが重要なのです。

　本当に相手の成長を願うからこそ、徹底的に指導するという態度が表れてくるのです。塾での指導でも、細かなことに注意を払えない＝躾ができていない生徒には、徹底的に注意をする！　これが基本です。ケアレスミスを連発して、結果的に困るのは生徒本人ですから。講師は強い信念を持って、生徒に対しては「小姑」役に徹しているのですよ。分かってくださいね。

慇・懃・無・礼?!
今月のオトナの四字熟語「一刀両断」

「一事が万事」を拡大解釈してしまうと、「一つの物差しで、他のすべてのことを切り捨ててしまう」という危険性が出てきてしまいます。たとえば、こんなカンジです。

「ひとつ失敗してしまったら、もう人生は終わり」「ひとつの悪い所があるから、この人は悪人」「自分には欠点があるから、もう自分はダメ」「ひとつのやりたいことができないから、やりたいことは全てできない」などなど。

　このような「一事が万事」の考え方は、百害あって一利なし、ですよ。「一事が万事」の用法を、もう一度確認しましょう。「一つの出来事や現象を見れば、表には現われていない他の全てまで推察できる」でしたよね。この「推察」が曲者なのですよ。確かに、「推察」が当てはまることもあります。けれども、あくまでも「推察」なのです。複雑で多面的な現象を、「推察」で評価しようとしても、解らないことがほとんどです。「人物の評価について」「人生の意義について」などといった「人物観」「人生観」に関わる事柄は特にそうなのです。当たり前のことですが、完璧な人間がいないように、全く無価値な人間もいません。人を測る物差しも、一本や二本ではありません。そんな乏しい物差しで、人を評価することはできるはずもないのです。

「でも、つい今さっきの解説で、一事が万事！　徹底的に指導するって、言いませんでしたか?」と、気になる生徒さんもいるかと思います。ここでのポイントは「これは躾である」ということです。「躾」というのは「人物観」や「人生観」に直結するものではないのです。もちろん、躾によって人物を作り上げたり、人生を変えたりという影響はあるでしょう。けれども、決してイコールではない。あくまでも躾というのは「誰にとってもクリヤーしなくてはならない基準」という意味に過ぎないのです。ですから、「一事が万事！」と躾けられたとしても、これはその相手の人格や生き様を、否定しているワケではないのです。気になった生徒さんは、このことを理解して下さいね。

　さて、今回取り上げた「四字熟語」は「一刀両断」(いっとうりょうだん)です。またしても漢数字を含む表現ですので、要チェックですよ！　「一刀」というのは「刀を一度振り下ろす」という意味。「両断」は「ものを真っ二つに切る」という意味。ですから、「ものごとを思い切って処理するたとえ」として使われることになります。「ためらわずにきっぱり決断する」というニュアンスですね。そして、そのことを評価する意味合いになることが多いと言えるでしょう。けれども、「オトナの用法」を身につけようとしている皆さん方にとっては、「一刀両断」が必ずしもプラスの評価で使われるだけではないことがお分かりでしょう。少なくとも、人物を判断する際には「一刀両断」にするべきではない！　という用法がありえることを、今話した例からも理解してもらえるのではないでしょうか。「一刀両断に切り捨てる」といった使い方もありますが、これなどは「切り捨ててはいけないものがある」という含蓄もあるのです。

　人物観の平板さは、自らをも縛りかねません。皆さんには、決して自分を限ったりすることなく、様々なチャンネルにつながってほしいと思います。いろんな場面、いろんな機会に、自分自身をさらすことが大切なのですよ！

出会った地点までにかかった時間が等しいことに注目して方程式をつくりましょう。

＜解き方＞

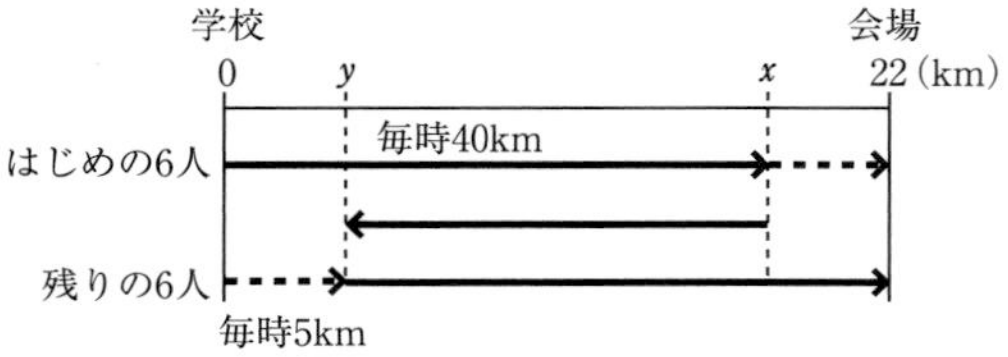

上の図で、はじめの６人と残りの６人が同時に会場に着いたことから、

$\frac{x}{40}+\frac{22-x}{5}=\frac{y}{5}+\frac{22-y}{40}$　…①

引き返してきた先生の車と、歩いてきている残りの６人が y km地点で出会ったことから、

$\frac{x+x-y}{40}=\frac{y}{5}$　……②

①、②を整理して、

$x+y=22$　……①´

$2x-9y=0$　……②´

この連立方程式を解いて、$\boldsymbol{x=18}$**、**$\boldsymbol{y=4}$

次は、与えられたグラフから移動する３人の動きを読み取る問題です。

問題3

太郎さんは、お父さんと妹の春子さんとランニングをした。３人は同時に家を出発し、家から駅までの一直線の道路を往復した。

太郎さんは途中で休むことなく、行きも帰りも毎分270mの速さで走り続けた。春子さんも、太郎さんより遅いが一定の速さで走り続けた。お父さんは、はじめのうちは太郎さんと一緒に走ったが、春子さんとの間の距離がひらいたため太郎さんを先に行かせ、立ち止まって春子さんを待った。そして、春子さんがお父さんに追いついたあとは２人で一緒に走った。

家を出発してから x 分後の太郎さんとお父さんとの間の距離を y mとする。右の図は、x と y の関係を表したグラフの一部である。

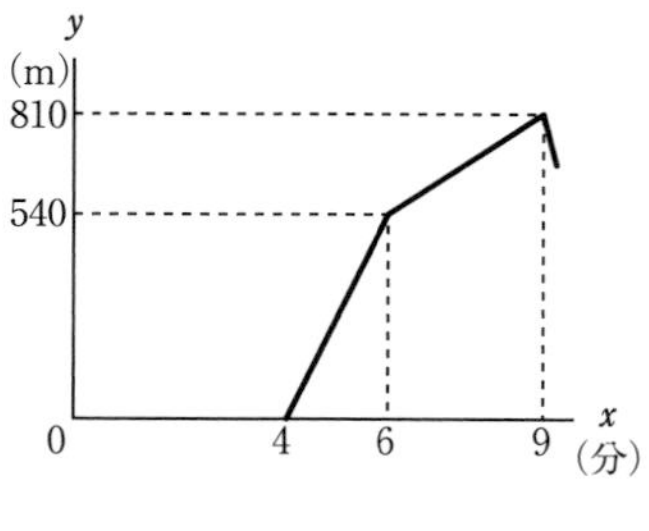

このとき、次の問いに答えなさい。（栃木県・一部略）

(1)　家を出発して４分後から６分後までの x と y の関係を式で表しなさい。ただし、途中の計算も書くこと。

(2)　駅で折り返して家に向かう太郎さんが、駅に向かうお父さんと春子さんに出会うのは、家を出発してから何分何秒後か。

＜考え方＞

(2)　グラフの６分から９分までの範囲に注目して、春子さんの速さを求めます。

＜解き方＞

(1)　グラフの４分から６分までの傾きは $\frac{540-0}{6-4}=$ 270であるから、x と y の関係の式は

$y=270x+b$　……①

と表せる。

グラフは点(4, 0)を通るので、これを①式に代入して、$b=-1080$

よって、求める式は $\boldsymbol{y=270x-1080}$

(2)　グラフの６分から９分までの傾きは $\frac{810-540}{9-6}=$ 90で、これは太郎さんと春子さんの分速の差を表している。これより春子さんの分速は270－90＝180（m）

また、９分以降は、グラフの傾きが負になっていることから、９分後に太郎さんが駅で折り返しており、このときのお父さんおよび春子さんとの距離は810mであることがわかる。よって、太郎さんが駅で折り返して t 分後にお父さんと春子さんに出会うとすると、

$270t+180t=810$

が成り立つ。

これを解いて $t=1.8$

9＋1.8＝10.8(分）より、お父さんと春子さんに出会うのは、家を出発してから**10分48秒後**

速さの問題では、問題文が長く条件が複雑な場合も多いので、条件を丁寧に読み取ることが大切です。このとき、図を活用して条件を整理することも有効で、これによって解き方の方針が見えやすくなります。とくに速さの問題が苦手な人は、このような条件の整理の仕方を意識して練習するとよいでしょう。

数学 楽しみmath 数学! DX

図やグラフを活用して速さの問題を攻略

登木 隆司先生
早稲田アカデミー　城北ブロック ブロック長
兼 池袋校校長

今月は、速さに関する文章問題を学習します。
はじめに、速さ・時間・距離の関係を確認する問題を見ていきましょう。

問題1

P地点からQ地点を通ってR地点へ行く道があります。P地点からQ地点までの道のりは2.8km、Q地点からR地点までの道のりは4.2kmです。A君、B君はそれぞれ一定の速さで同時にPからRに向かったところ、A君は1時間40分後に、B君は54分後に到着しました。このとき、B君がQ地点を通過した何分何秒後にA君がQ地点を通過するか答えなさい。

（中央大学杉並）

<考え方>

問題の条件からA君、B君の速さを求め、Q地点を通過する時間を計算して答えを導くこともできますが、速さが一定のとき、時間は道のりに比例することを利用して解くことができます。

〔参考図〕

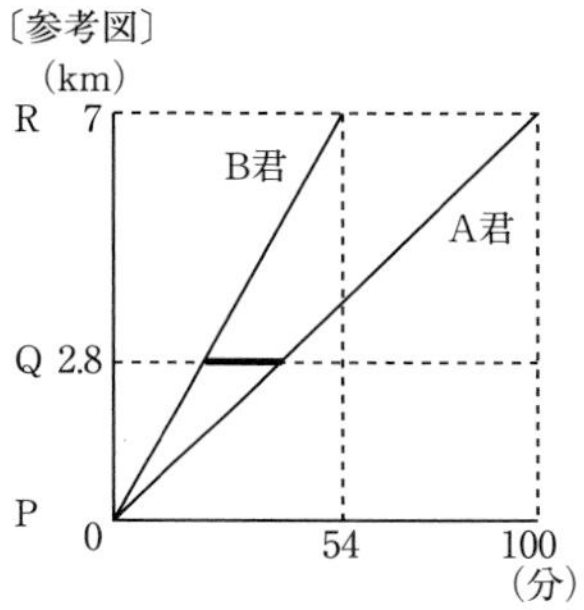

<解き方>

(PQ間の距離)：(PR間の距離)＝2.8：(2.8＋4.2)＝2：5より
A君がQ地点に到着するまでの時間は、$100\times\frac{2}{5}$(分)
B君がQ地点に到着するまでの時間は、$54\times\frac{2}{5}$(分)
よって、求める答えは、
$(100-54)\times\frac{2}{5}=\frac{92}{5}=18\frac{2}{5}$(分) より**18分24秒後**

条件が込み入っているときは、図やグラフをかいて条件を整理することが有効です。

問題2

先生が12人の生徒を学校から22km離れた会場まで連れて行く。先生の車には生徒は一度に6人しか乗れないので、6人だけ乗せて学校を車で出発し、残り6人は歩いて会場に向かった。学校から$x$kmの地点で6人を降ろし、その6人は歩いて会場に向かった。先生は車で学校の方へ引き返し、歩いて来ている残りの6人を学校から$y$kmの地点で乗せ、再び会場に向かったところ、途中から歩いて向かった6人と同時に会場に着いた。
生徒の歩く速さを時速5km、車の速さを時速40kmとして、x、yの値を求めよ。　（愛光）

<考え方>

とくに古代ローマ帝国のカエサルの伝記がお気に入りだったらしいですよ。
澤田：イタリア半島出身の英雄として憧れていたんでしょうね。ナポレオンが皇帝になったのもそこに影響を受けているんですか？
野口：そのようです。実際、ナポレオン自身がクーデターを起こして作った政府での３人の統領を置くという仕組みは、カエサル時代の三頭政治を模倣していますからね。
澤田：なるほど。ところで、ナポレオンが皇帝になったことについては、否定的に評価されているイメージが強いのですが、その点も高校では掘り下げて学習しますか？
野口：はい。「解放者」から「侵略者」になった、という言い方をされたりしますが、実際には二面性があります。というのも、周辺のスペインやオランダを征服していきましたが、結果としてそれがフランス革命の思想をヨーロッパ諸国に普及させることにつながりました。そして、のちに各国での革命へとつながっていったのです。
澤田：ナポレオンの意図はともかく、単純に正義か悪かではとらえきれないということですね。
野口：そうです。ちなみに、いま話したような二面性は筑波大の論述問題などでも出題されていますから、単に高校で習うというだけでなく入試でも必要になってくる視点と言えます。

高校理科の紹介

吉田：理科は高校になると、非常に複雑で難しくなります。さっそく苦手にしてしまう高校生が多いです。例えば中学の物理で習う運動の法則「慣性の法則」と「作用・反作用の法則」は、じつは「ニュートン力学の第１法則」と「第３法則」なのです。
澤田：ということは、「第２法則」があるのですね？
吉田：そう。それが高校でおもに学習する「運動方程式」です。これがじつは物理の運動の法則のなかで最も頻出で大切な公式です。また、この法則をもって運動の法則は完成し、すべての運動を表せるようになります。よって、一気に勉強の幅が広がっていきます。
野口：いままでの運動の法則は高校の前哨戦だった、というところでしょうか。
吉田：そうですね。また「化学」では、「酸化と還元」という単元があります。中学理科では、「酸素がくっついたり離れたりする反応」としか扱いません。

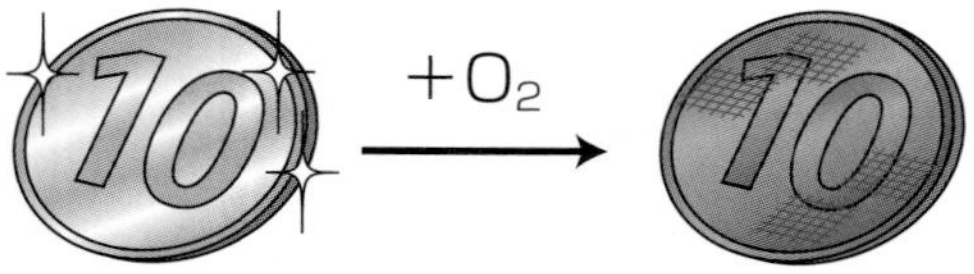

$$2Cu + O_2 \longrightarrow 2CuO$$

銅　　　　酸化銅

澤田：10円玉が錆びて黒っぽくなる、というやつですね？
吉田：そうです。それを化学反応式で書くと、左下のようになります。

そして、高校理科では、上記の「酸素の授受」のほかに、「水素の授受」、「酸化数の上昇降下」といったいろいろな酸化還元の指標があります。

なかでも最も大切なのは「電子の授受」です。電子をあげたり、受け取ったりといった理解が、最も本質的で重要になってくるのです。

しかし、電子は目に見えず、結果化学反応式には表されません。よって高校では同様の酸化還元の反応式が、一気に複雑になります。例えば、

酸化剤：$KMnO_4$と還元剤：H_2O_2の反応（硫酸酸性条件）

$$MnO_4^- + 8H^+ + 5e^- \rightarrow Mn^{2+} + 4H_2O$$
$$H_2O_2 \rightarrow O_2 + 2H^+ + 2e^-$$

上式×2、下式×5をして…

$$2MnO_4^- + 16H^+ + 10e^- \rightarrow 2Mn^{2+} + 8H_2O$$
$$+)\ 5H_2O_2 \rightarrow 5O_2 + 10H^+ + 10e^-$$

$$2MnO_4^- + 6H^+ + 5H_2O_2 \rightarrow 2Mn^{2+} + 8H_2O + 5O_2$$
$$2K^+ \quad 3SO_4^{2-} \quad 2SO_4^{2-} \quad 2K^+SO_4^{2-}$$

$$2KMnO_4 + 3H_2SO_4 + 5H_2O_2 \rightarrow 2MnSO_4 + 8H_2O + 5O_2 + K_2SO_4$$

という具合です。
野口：とても複雑そうですね。これは入試問題ですか？
吉田：違います。なんとこれは高校１年生の定期試験でよく出てくる、基礎的な酸化還元の反応式です。高校１年生になったら、文系に進みたいという人もこれくらいは書けないといけません。
澤田：それは大変ですね…。高校に入ると理科で苦労をする生徒が多いと聞きますが、うなずけますね。
吉田：中学内容が基盤になっている単元も多いので、入試で理科を勉強していない人はさらに要注意です。理論的な科目なので、高校１年生の初めからしっかり理解していかないと、あとから取り返しがつきません。これから高校生になるみなさんには、初めから一生懸命理科を学んでほしいですね。

ここまで、３号連続で高校での学習について取り上げてきました。みなさんにとってみれば、まずは、高校への進学が最重要。一方で、高校合格に向けての「本気」の学習は、高校入学後において生きてくることも事実です。最後まで精一杯取り組んで合格してください。そのあとは、早稲田アカデミー大学受験部門Success18でともに歩んでいければと思っています。（完）

高校進学、そのさき

久津輪 直先生

早稲田アカデミー
サクセス18ブロック　副ブロック長
兼　Success18渋谷校校長

開成・早慶附属合格者を多数輩出してきた早稲田アカデミー中学部が誇る英語講師。綿密な学習計画立案と学習指導、他科目講師とチームとなって連携指導する卓越した統率力を高校部門Success 18渋谷校校長として着任後も遺憾なく発揮。週末は現役の開成必勝クラス担当者として、その辣腕をふるっている。

吉田 祥先生
早稲田アカデミー
Success18国分寺校校長。

苦手な生徒も理解できるような工夫された具体例がバンバン飛び出す授業が特徴。本質的理論をもとに、真の理解にこだわった授業が展開され、あなたの成績はグングン急上昇するはずです。

澤田 行宏先生
早稲田アカデミー
Success18志木校校長。

多くの受験生を悩ませる日本史において、必要な知識を１人で取捨選択することは、大きな負担です。断片的に暗記してきた知識を、出題傾向に基づいたきめ細やかな解説で効率よく学習していきます。必ず合格につながる大好評の授業がここにあります！

野口 雅史先生
早稲田アカデミー
Success18荻窪校校長。

さまざまな地域の歴史が交錯して受験生を悩ませる世界史を、わかりやすく丁寧に教えていきます。苦手だからなんとかしたいという人も、得意だから伸ばしていきたいという人も、対策は野口にお任せください。

みなさん、こんにちは。早稲田アカデミー大学受験部門Success18の久津輪です。いよいよ高校入試となりました。これまでのみなさんの努力の成果を思う存分に発揮して、合格をつかみ取ってください。

さて、こちらの「高校進学、そのさき」もいよいよ最終回です。ここまで「英語」と「数学」それぞれの高校での学習について取り上げてきました。最終回では、「社会・理科」についてお話しします。現在、５科目の勉強をしている方だけでなく、３科目の勉強をしている方も、ぜひご覧ください。

高校日本史と高校世界史

野口 雅史先生（以下、野口）：中学校では「理科」・「社会」というくくりでしたが、高校になると、理科は「物理」・「化学」・「生物」・「地学」、社会は「日本史」・「世界史」・「地理」・「倫理」・「政治経済」・「現代社会」と細分化されます。その結果、内容が深く、難しくなりますよね。

吉田 祥先生（以下、吉田）：そうですね。私立高校を受験するみなさんは英数国受験の人が多数ですから、高校に入ってから理社に苦戦するという話をよく聞きます。そこで今回は、中学と高校の社会・理科の具体的な違いをお話ししましょう。

野口：ではまず、社会の日本史について澤田先生にお聞きしたいと思います。

澤田 行宏先生（以下、澤田）：『[×]が摂政になると、冠位十二階の制度や十七条の憲法が定められ…』

[×]に入る人物を答えさせる公立高校の入試問題です。野口先生、わかりますか？

野口：聖徳太子ですよね？

澤田：正解です。でも、高校日本史では「厩戸王《うまやどのおう》（聖徳太子）」と教えられるんですよ。

野口：そうなんですか!?

澤田：しかも中学校では、蘇我氏は政治を乱す乱暴者、聖徳太子はそれを正す正義のヒーローとして扱われ、対立する人物として紹介されますが、じつは蘇我馬子の娘を妻にしています。さらに母親の穴穂部皇女《あなほべのひめみこ》は馬子の姪っ子、父親の用明天皇は馬子の甥っ子です。用明天皇と推古天皇の２人は兄弟でもあります。

野口：聖徳太子と蘇我氏は切っても切れない関係にあったんですね。それにしても、複雑な人物関係ですね。

澤田：そうですね。高校日本史ではこれらの人物関係の暗記は必須です。実際に2013年の上智大の入試問題では、この人物関係を答えさせる系図問題が出題されました。

野口：とても中学の知識では太刀打ちできないですね。

澤田：はい。しかも高校では、馬子は聖徳太子と対立するどころか「協力して政治運営した」と勉強します。この関係は明治大の入試で正誤問題として出題されました。

野口：えぇ!?　中学で教えられたことと正反対じゃないですか…。

澤田：そうですね。高校では学習する内容が深くなるぶん、「敵ー味方」のように単純な関係では正しく理解ができないこともよくあります。ですから、一度習った内容でも油断せず学習に取り組んでほしいですね。世界史はどうなのですか？

野口：私も人物に関して話をしますね。澤田先生はナポレオンをご存知ですよね。

澤田：軍人出身でフランスの皇帝になった人物ですよね。

野口：では、出身地はどこでしょうか？

澤田：確かイタリア半島に近い島だったと思いますが…。

野口：そうです。答えはコルシカ島で、高校ではそこから習います。元々はイタリア（正確にはジェノヴァ）に属する島だったのですが、ナポレオンの時代はフランス領になっていました。そのため、軍人になろうとパリの学校に入学したナポレオンは、背の低さと訛《なま》りで「コルシカ野郎」などと馬鹿にされていたそうです。

澤田：英雄として有名な人物にもそんな時代があったんですね。

野口：ただ、彼はそれをバネにして勉強に打ち込み、とくに数学と歴史で、優秀な成績を修めたそうです。ちなみに、そのころ熱心に読んでいたプルタルコスの『英雄伝』では、

英語で話そう！

川村 宏一先生
早稲田アカデミー　教務部中学課
上席専門職

朝がちょっぴり苦手な中学３年生のサマンサは、父(マイケル）と母（ローズ)、弟(ダニエル）との４人家族。

サマンサがいつものように学校に着くと、サマンサの机の上にだれかのノートが置いてありました。周りの友だちに聞いてみたところ、隣の席のマリーのものでした。マリーは、昨日出された宿題の解き方がわからず、サマンサに教えてもらおうと思っていたようです。

2014年１月某日

Samantha ：Whose notebook is this?
サマンサ　：これ、だれのノートかしら？　…①

Mary　　　：I'm sorry. This is mine.
マリー　　：ごめんなさい、私のよ。

Samantha ：No problem. Never mind.
サマンサ　：大丈夫よ、全然気にしないで。

Mary　　　：I want you to teach me how to solve this question.
マリー　　：サマンサに、この問題の解き方を教えてほしくて。…②

Samantha ：OK. I will.
サマンサ　：いいわよ。…③

Mary　　　：Thank you very much.
マリー　　：ありがとう。

今回学習するフレーズ

解説①　Whose 名詞 ~?	だれのものなのか、持ち主を尋ねる表現 (ex)Whose house is that?「あれはだれの家ですか」
解説②　want 人 to 動詞	「人に～してほしい」と依頼をする表現 (ex)I want you to open the box.「あなたにその箱を開けてほしい」
解説③　will	「意志」を表す助動詞。今回のように依頼に対して了解を表すときにも使える。 (ex)Will you open the window? – I will.「窓を開けてくれない？」「いいよ」

教えてマナビー先生！

世界の先端技術

江戸っ子1号

下町の工場の力と心意気を結集してできた無人深海探査機

プロフィール

日本の某大学院を卒業後海外で研究者として働いていたが、和食が恋しくなり帰国。しかし科学に関する本を読んでいると食事をすることすら忘れてしまうという、自他ともに認める"科学オタク"。

3つのガラス球に配された機器を組み合わせて深海の様子を探査することができる「江戸っ子1号」。写真は実験に向け点検を受けているところ（写真提供＝朝日新聞社）

「江戸っ子1号」という名前のプロジェクトが始まっている。海に囲まれた日本の資源探査や調査に役立つ装置を、東京・下町の小さな工場群の協力によって作るというプロジェクトだ。

下町の工場とはいっても、各工場の技術は世界に自慢できるものばかり。そんな技術と働く人々の力を合わせて、大企業の下請け仕事ではない自分たちの製品を作ろうという挑戦だ。

下町の力を結集しようと集まったのは、葛飾区のゴム加工工場、千葉県の精密機械加工会社、ガラス工場、プラスチック成型工場、そしてサポートする大学の研究室。

それぞれの力を合わせて始まったのは、深海8000mの高圧に耐えて深海生物の行動を映像として撮影する装置の開発だ。

深海の高圧の環境から装置を守るのはガラス工場が作ったガラス球。精密に作らなければ圧力で割れてしまう。傷や不純物のないしっかりとしたガラスが求められた。そしてガラス球をカバーするケースを作ったのは下町のプラスチック成型の工場だった。

ガラス球やカバーに守られたいくつかの装置間を通信でつなぐのも大変な課題だった。電線を使うと電線の隙間から海水が入ってきてしまう。無線で情報を通信したいけれど水のなかでは電波がちゃんと届かない。その課題を克服してくれたのがゴム加工工場が作った「電波を通すゴム」。装置間の情報はこのゴムを通して伝えることができるようになった。そしてカメラなどの撮影機器と照明装置の制御などを担当したのは大学の研究室だった。

小回りの利く中小企業の元気さがこのプロジェクトの強み。大きな壁にもぶつかったけれど、みんなの力と心意気で乗り越え、昨年11月に8000m近くの深海に第１回の挑戦をし、世界で初めて深海魚の生態に迫る３Ｄハイビジョンカメラによるデジタル映像の撮影に成功したんだ。

日本の小さな会社が力を合わせて最新の研究をぐいぐいと引っ張っている。

次は１万mに挑戦するのだそうだ。どんな生物が見つかるのだろうか。楽しみだ。

みんなの数学広場

TEXT BY かずはじめ
数学を子どもたちに、楽しく、わかりやすく、使ってもらえるように日夜研究している。好きな言葉は、"笑う門には福来る"。

問題編

初級～上級までの各問題に生徒たちが答えています。どの生徒が正しい答えを言っているか当ててみよう。もちろん、当てずっぽうじゃなく、実際に問題を解いてみてね。

答えは次のページ

上級

正十角形ＡＢＣＤＥＦＧＨＩＪの10個の頂点のうち異なる3個を選んで頂点とする三角形は、全部で120個できます。そのうち、3辺の長さがすべて異なる三角形は全部で何個ありますか？

A

答えは…
80個
二等辺三角形、正三角形を除いた数になるんじゃないかな。

B

答えは…
90個
二等辺三角形のなかに正三角形は含まれるよね。

C

答えは…
40個
3辺の長さがすべて異なる、2辺の長さが等しい、3辺の長さがすべて等しい、の3種類だからね。

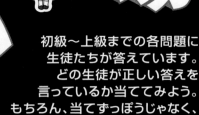

中級

次のなかで正しいのはどれか？

①０≧０

②$\sqrt{a^2}=a$

③ＸＹ＝０ならば、Ｘ＝Ｙ＝０に限る

A

答えは…

そりゃ1番でしょ。

B

答えは…

これは2番だね。

C

答えは…

3番じゃないの？

初級

次の問題は海外のインターネット上で話題になった問題です。

92％の人が間違えるそうですが…。チャレンジしてみましょう！

７＋７÷７＋７×７－７＝

の答えは？

（深く考えずにサッと解いてみましょう）

A

答えは…

8

パッと解きました。

B

答えは…

50

すぐにわかった。

C

答えは…

56

自信ないけど…。

解答編

上級

正解は **A**

120 個のうち、三角形を

（ア）３辺の長さがすべて等しい正三角形

（イ）２辺の長さだけが等しい二等辺三角形（正三角形を含まない）

（ウ）３辺の長さがすべて異なる

の３種類に分けます。

（ア）の正三角形は、じつはできません。

（イ）の２辺の長さだけが等しい二等辺三角形は、例えば、∠Ａを頂点とする二等辺三角形は△ＡＢＪ、△ＡＣＩ、△ＡＤＨ、△ＡＥＧの４個あり、ここには正三角形は入っていませんから、∠Ａ～∠Ｊまで各４個ずつあるので全部で４ × 10 ＝ 40 個あります。

（ウ）は（ア）（イ）以外が３辺の長さがすべて異なる三角形ですから、120 － 40 ＝ 80 個になります。

正三角形はもともと0個なのに…。

全体の$\frac{1}{3}$ってことはないでしょう。

中級

正解は **A**

①の“≧”。この記号は、＞または＝であるという２つの意味があるのです。そしてこの記号は“どちらでもよい”という意味で使います。
したがって、５≧５も正しいのです。

ちなみに、②は、$\sqrt{a^2}=|a|$ならば正解です。

ａ＜０のときには$\sqrt{a^2}-a$です。


例えば、$\sqrt{-5^2}=-5$は間違いです。

したがって、正しくは、$\sqrt{-5^2}=|-5|=5$になります。

また、③はＸＹ＝０ならばＸ＝１、Ｙ＝０でも成り立ちます。つまり、ほかにもあるということです。

平方根、やり直したほうがいいかもよ。

もしかして、“限る”を読み落とした？

初級

正解は **B**

①まず、７÷７＝１
②次に７×７＝49
③最後に７＋１＋49－７＝50です。

冷静に行えば間違えないはずですが、とっさだと間違えてしまうことって、よくありますよね。

急ぎすぎだね。

もう一度計算しなおしてみよう。

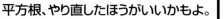

上智大学

文学部新聞学科1年

味岡《あじおか》　奈歩《なほ》さん

先輩に聞け！

大学ナビゲーター

に役立てたい

充実した設備で専門的な知識を学ぶ

——なぜ上智大学を志望したのですか。

「テレビを見たり、雑誌を読むことが好きだったので、好きなことを深く学べたら楽しいだろうなあと、メディアについて学べる大学を志望していました。

なかでも上智大の新聞学科は憧れでしたし、専門的な知識を学べると聞いていたので、合格できて嬉しかったです。」

——どんなことを学んでいますか。

「『演習Ⅰ』という講義で実践的なことを学んでいます。この講義は前期の『新聞』、後期の『放送』に分かれていて、実際に新聞記事を書いたり、番組を制作したりするとても楽しい講義です。」

——「新聞」の講義について詳しく教えてください。

「身の回りで起こった出来事を新聞記事の

味岡さんが通う上智大学四谷キャンパス

サークルの活動で撮影するドラマの台本を読む味岡さん

【映像制作サークルの活動】

自分たちでドラマなどの映像を制作するサークルに所属しています。完成した作品は、サークル内で発表しあったり、他大の映像制作サークルと合同発表会などを行っています。

学園祭ではラブ、ミステリーなど5つのジャンルに分かれて20分程度のドラマを制作しました。どのジャンルのドラマを、来場者が一番多く見てくれるか勝負していて、私が出演者として参加したホラードラマの班が見事優勝しました。脚本、編集、撮影まですべて自分たちの手で行うので大変でしたが、とても楽しかったです。

1年生にはまだ編集作業は難しく、先輩がやることが多いですが、徐々に編集も覚えていって、先輩たちのようにかっこいい映像を作れるようになりたいです。

【問題を繰り返し解く】

数学が本当に苦手でしたが、問題に慣れるためにひたすら問題を解いたことと、わからないところを通っていように書いたり、企業などのプレスリリースを読んで内容を精査し、自分で重要だと思う箇所をまとめたりしました。

例えば、大学生になってから高校の制服を着てディズニーランドへ行ったのですが、『19歳で制服着用!』という見出しで、楽しい出来事をまるで事件が起こったかのように書きました。」

――「放送」の講義ではどんなことをしていますか。

「2人1組になって1分間のテレビ番組を制作しています。上智大学にはTVセンターという施設があるため、テレビ局と同じような機材を使って番組制作ができます。

どのような番組を作るかを考えることはもちろん、カメラをどう切り替えるか、マイクはどこに置くか、音響はどうするかなど、すべて1から自分たちで考えます。

さすがにすべての仕事を2人ではできないので、番組撮影の当日は、カメラに映るタレントと、各所に指示を出すディレクターを担当し、そのほかのカメラや音声は、クラス内で持ち回りで担当していきます。

1組に与えられるのは30分で、1分間の本番に向けてカメラや音声担当の人とリハーサルを繰り返します。周りと合わせられるのは、撮影当日の30分だけなので、時間を有意義に使う能力も求められます。

講義は90分なので、毎回2組ずつ発表し、残りの30分で発表を振り返り、みんなで感想を言いあいます。私たちの発表はまだですが、すでに違う組の音声を担当しました。すごく難しくて大変でしたが、普段なかなかできない貴重な体験ができました。」

――この講義のほかに新聞学科ならではの講義はありますか。

「『コミュニケーション論』という講義は、テレビや雑誌など、それぞれの専門家が毎回違った講義をしてくれます。とくに印象に残っているのは、公平に報道されていると思われがちなニュースも、じつは発信者の意図が入っているため公平ではない、という話です。この講義を受けなければ考えもしなかったようなことを知ることができるので、ためになります。」

――上智大の雰囲気はどうですか。

「国際教養学部があるからか、英語のサークルが多いと思います。留学生も多く、『放送』の講義でペアを組んでいる子も中国からの留学生です。第2外国語で中国語を選択しているので、その子に教えてもらったりしています。

学生の雰囲気は学部学科によってさまざまですが、新聞学科は明るくて元気な子が多いですね。」

――将来について教えてください。

「テレビや雑誌が好きなので、それらに関連した仕事に就けたらいいなと思います。

いま大学で文章を書いたり、番組を制作したりと実践的なことを学んでいるので、将来就く仕事の現場で学んだことを活かしていきたいです。」

現在学んでいる知識をメディアの仕事

た塾の塾長がホワイトボードに書きながら丁寧に説明してくれたおかげで、徐々に苦手意識を克服することができました。同じような問題を繰り返し解くと、基本的な解き方のパターンが身についてよかったです。

【部屋の行き来で気持ちを切り替える】

参考書がそろっていて、見たいと思ったときにすぐ確認することができたので、塾の自習室よりも自分の部屋で勉強している時間の方が長かったです。もともと、家にいるときは部屋よりもリビングにいることが多かったので、勉強するときに部屋に行くという感じで、自然と気持ちが切り替わりました。

そして、勉強と休憩の切り替えを大事にするため、2時間勉強したら30分休憩すると決めて、受験勉強をしていました。息抜きにリビングで携帯を見て、携帯を置いてから部屋に戻るというように、休憩はリビングでとり、携帯などの気が散る要因を部屋に持ち込まないといった工夫もしていました。

【受験生へのメッセージ】

高校受験で初めて受験を経験するという人も多いので、不安もたくさんあると思いますが、高校受験に落ちたからといって人生が終わるわけではありません。ですから、プレッシャーを感じすぎずに、やればできる、と前向きな気持ちで試験に臨んでください。努力は絶対実ります。頑張ってください。

あれも日本語 これも日本語

第48回

医療や薬にちなむ慣用句

今回は、医療や薬にちなむ慣用句についてみてみよう。

「さじ加減」。昔は医者が患者を診察したり、薬を調合するとき、さじを使った。さじとはスプーンのことだ。

薬の調合の割合のことを「さじ加減」というんだけど、そこから、なにか物事をするときの手加減、手ごころのことを「さじ加減」というようになったんだ。

「先生のさじ加減ひとつで、評価が分かれる」とかね。

同じさじでも、「さじを投げる」は深刻だ。医者が患者を診察していて、もう助からないとなると、持っていたさじを放り出した、ということから、物事の成功の見込みがなく、諦めることをいうようになったんだ。「あの計画はうまくいかないよ。ぼくはさじを投げた」なんて使う。

「脈がある」は文字通り、心臓が動いていることで、生きていることをさしているんだけど、そこから、まだ見込みがあることをいうようになった。「彼女、まだ脈があるよ。もう一度アタックしたら」なんてね。

逆に、見込みがないことは「脈があがる」という。脈がなくなることだ。

「メスを入れる」は、患部を切除するために患者の身体にメスを入れることをいうけど、一般には、災いの根を断ちきるため、思いきった手段をとることをいうんだ。「あの団体は汚職をしていて腐っている。メスを入れなくてはならない」などと使う。

「同病あい憐れむ」は同じ病気の人がお互いに慰めあうことをいうんだけど、そこから、同じようなまずい立場の人同士が慰めあうときにも使うんだ。

「毒にも薬にもならない」はなんの役にも立たないけど、別に迷惑でもないこと。いてもいなくても同じってこと。「あいつは毒にも薬にもならない存在だ」とかね。

「二階から目薬」は、二階から一階にいる人に目薬をさすのがきわめて難しいことから、物事がうまくはかどらず、もどかしい様子をいうんだ。「そんなやり方ではいつまでもうまくいかないよ。まるで二階から目薬だ」というふうに使う。

医療や薬にちなむ慣用句、色々あるね。

ミステリーハンターQの 歴男歴女養成講座

ミステリーハンターQ（略してMQ）

米テキサス州出身。某有名エジプト学者の弟子。1980年代より気鋭の考古学者として注目されつつあるが本名はだれも知らない。日本の歴史について探る画期的な著書『歴史を掘る』の発刊準備を進めている。

春日 静

中学1年生。カバンのなかにはつねに、読みかけの歴史小説が入っている根っからの歴女。あこがれは坂本龍馬。特技は年号の暗記のための語呂合わせを作ること。好きな芸能人は福山雅治。

山本 勇

中学3年生。幼稚園のころにテレビの大河ドラマを見て、歴史にはまる。将来は大河ドラマに出たいと思っている。あこがれは織田信長。最近のマイブームは仏像鑑賞。好きな芸能人はみうらじゅん。

鎖国

江戸時代の1641年から213年間もの間続いた鎖国政策。江戸幕府はなぜ鎖国を行ったのか―その理由と鎖国への経緯を学ぼう。

勇 江戸時代の日本は鎖国してたんだってね。

静 鎖国って、外国と交際しないこと？

MQ 江戸時代の初期までは、江戸幕府もヨーロッパ人と交易をしていたんだ。幕府を開いた徳川家康はキリスト教も黙認していたんだよ。

勇 じゃあ、なぜ鎖国をしたの？

MQ キリスト教の信者が一揆を起こしたりして、幕府に抵抗することを恐れて、2代将軍、秀忠は1612年（慶長17年）、天領（幕府の直轄地）と将軍直属の家臣のキリシタン信仰を禁止したんだ。それを禁教令というんだ。

静 隠れて信仰した人もいたんでしょ。

MQ 隠れキリシタンだね。翌年には禁教は全国におよび、迫害と弾圧が始まった。

勇 でも、まだ鎖国はしてなかったんだね。

MQ ところが、1637年（寛永14年）に、いまの長崎県で、キリシタンたちによる大規模反乱、島原の乱が起こり、鎮圧はしたけど、幕府はてこずった。そういうこともあって、3代将軍、家光は日本人の海外渡航を禁止し、1639年にはポルトガル船の来航を禁止。外国人が日本人と接触しないようにしたんだ。

静 外国の影響が怖かったのね。

MQ 幕府は長崎に出島を作り、そこに外国人を収容することにし、1641年（寛永18年）にはオランダ人を出島に収容して、そこから出てはいけないことにした。同時に、オランダ、明国（後に清国）、朝鮮とだけ交易することにしたんだ。これを「鎖国の完成」というんだよ。

勇 出島の様子はどんなだったの？

MQ 長崎湾内に作られた埋め立て地で、オランダ商館が建てられ、オランダ人は原則として、そこから出ることはできず、日本人は役人と許可を得た商人だけが出入りできた。出島を作ったことで、幕府は貿易と海外からの情報を独占することができたわけだ。

静 鎖国していいことはあったの？

MQ 西洋列強の影響を受けなかったことから、国内文化が爛熟《らんじゅく》したことがあげられるね。また、ヨーロッパの植民地支配の危険を回避できたという意見もある。

勇 鎖国はいつ終わったの？

MQ 1854年（安政元年）、日米和親条約が締結されて、鎖国政策は終わったんだ。鎖国は213年、続いたことになるね。

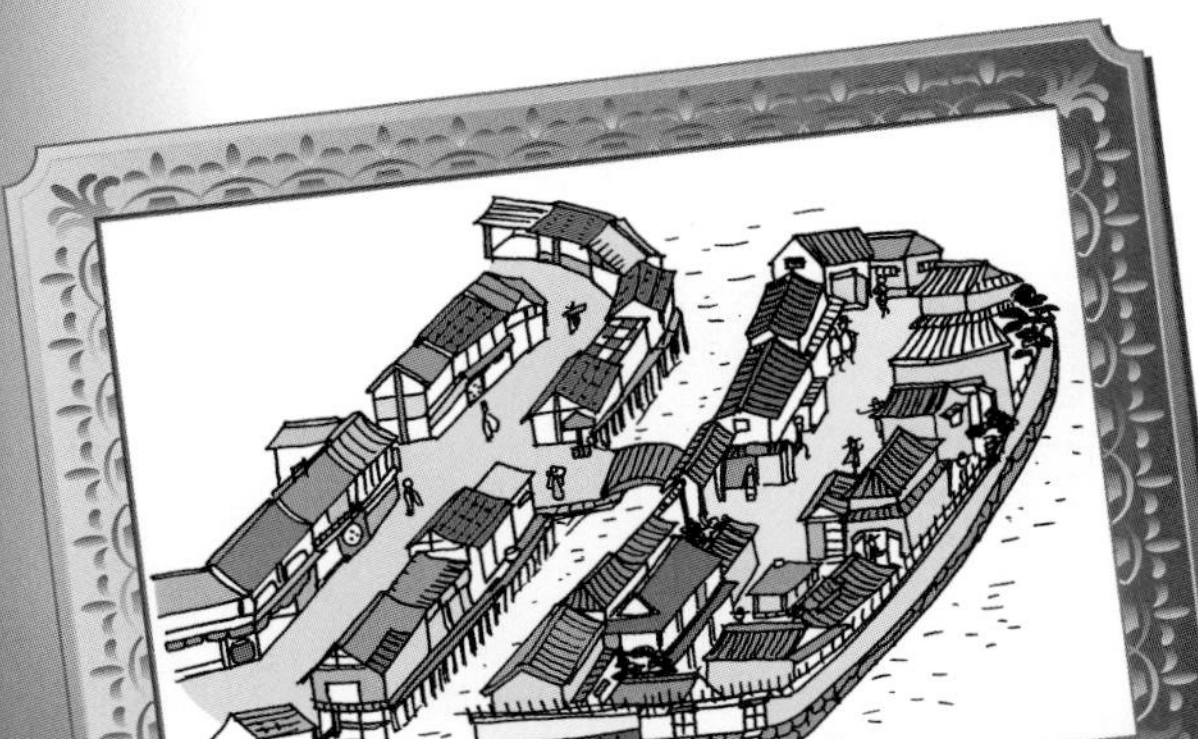

あたまをよくする健康

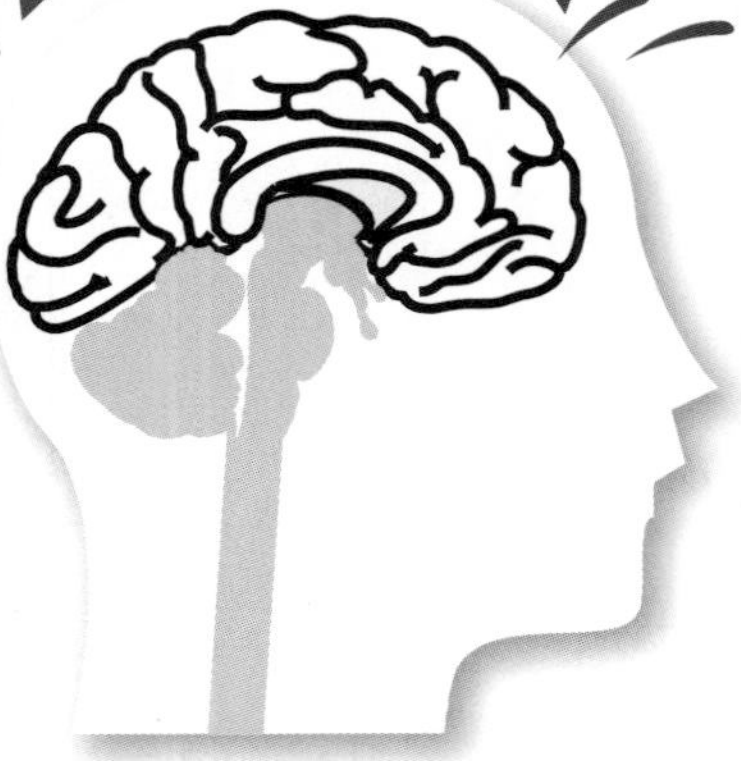

ナースであり
ママであり
いつも元気な
FUMIYOが
みなさんを
元気にします！

by FUMIYO

今月のテーマ

大根

ハロー！　Fumiyoです。お正月は、おせち料理やお餅、初詣の縁日で売っているやきそば、たこやき、リンゴ飴などなど、普段とは少し違った食事が並ぶことが多いですね。そのため、この時期は「冬休み中についつい食べ過ぎてしまった」という人も多いと思います。

食べ過ぎてしまったときによく起こるのが胃のもたれです。これは胃の消化吸収が間に合わなくて、胃がちょっとつらいなあ…と身体が出しているサインです。こういうとき、しばらく胃に優しい食事をしていると、徐々に回復していきます。

でも、そうはいっても目の前においしそうな食事が出されたら、やっぱり食べたいと思いますよね。そんなときには胃の救世主、冬の季節においしい大根の出番です。

みなさんは、脂がのっている焼きサンマやトンカツの横に、大根おろしが添えてあるのを見たことがありませんか？　また、どうしてこうした料理には大根おろしが添えられているのかを知っていますか？　それは、大根が脂分の多い食事の消化を助けてくれる、身体に優しい食べものだからです。

大根にはおもに、ビタミンC、食物繊維、アミラーゼ（ジアスターゼ）、フラボノイドなど、身体によい成分が多く含まれています。

とくに、土に埋まっている根の部分には、でんぷんを分解する働きがあるアミラーゼが多く含まれており、たんぱく質や脂肪の消化を助けてくれます。同じく消化を助けてくれるオキシターゼという成分も含まれており、このオキシターゼには、焼き魚の焦げた部分に含まれる発ガン性物質を解毒する作用があります。

大根おろしが焼き魚やお肉料理の横に添えられているのには、こういった理由があるんですね。

さらに、大根の辛み成分の基となっているアリル化合物は、胃液の分泌を高めてくれるだけではなく、消炎作用・殺菌作用・消化促進などの働きもあるため、風邪をひいたときに食べると効果的です。

また、大根は食事のときに口から摂取するだけではなく、用途によって色々な使い方をすることができます。

例えば、筋肉が痛むときや肩が凝ったときには、大根おろしを湿布として利用したり、鼻がつまったときには、大根おろしの絞り汁をコットンにしみ込ませて鼻に当てることで症状を軽減させることもできます。

身体によい多くの成分を含み、葉から根までムダにするところがなく使える大根。受験を間近に控えたこの時期に、身体に優しい大根を食べて、万全の体調で本番を迎えましょう。

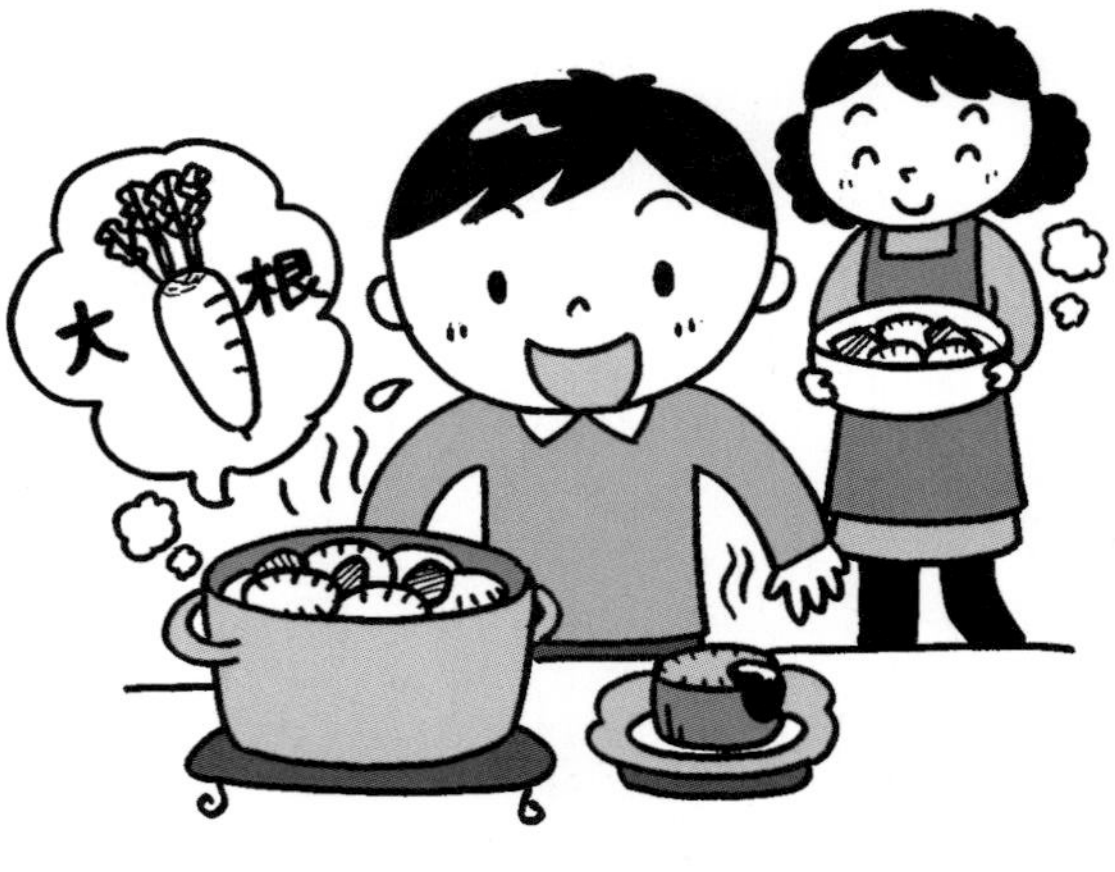

Q1　**大根役者という言葉がありますが、どんな役者のことを言うのでしょう？**

①大根のように色白の役者　②大根のように体格のしっかりしている役者　③演技の下手な役者

正解　③の演技の下手な役者です。

大根は身体によく、食べてもあたる（おなかをこわす）ことがないことから、あたらない役者・演技の下手な役者のことを「大根役者」というようになりました。

Q2　**アミラーゼが含まれていない食材はどれでしょう？**

①豆腐　②山芋　③かぶ

正解は、①の豆腐です。

山芋・かぶには、アミラーゼが含まれています。アミラーゼは熱に弱く酸化しやすいため、食事の直前に大根をすって、大根おろしにするなど、できるだけ生で食べましょう。

Success News

ニュースを入手しろ!!

サクニュー!!

産経新聞編集委員
大野 敏明

▶PHOTO ロシア宇宙船ソユーズでカザフスタン領内に帰還後、宇宙空間を舞ったソチ五輪聖火トーチを手にするロシアのフョードル・ユルチヒン飛行士（カザフスタン）AFP＝時事

今月のキーワード ソチオリンピック

2月7日から23日までの17日間、ロシアのソチで第22回冬季オリンピックが開催されます。

ソチはロシア南部、黒海に面したクラスノダール地方の人口40万人弱の保養地です。ロシアでオリンピックが開催されるのは、ソビエト時代の1980年に行われた第22回夏季モスクワ大会についで2回目、冬季は初めてです。

冬季オリンピックは、夏季オリンピックに遅れること28年、1924年にフランスのシャモニーで第1回大会が開催されたのが最初です。日本では1972年に札幌で第11回大会が、1998年に長野で第18回大会が開かれました。

今回の競技はスキー、スケート、アイスホッケー、ボブスレー、バイアスロン、カーリング、リュージュの7競技98種目で争われます。

開会式などのイベント内容は、当日まで秘密ということになっていますが、トピックは、昨年11月に、国際宇宙ステーションでロシア人宇宙飛行士が手にしたトーチが、開会式当日、聖火リレーの最終走者に渡され、聖火への点火に使われるということです。

代表となる日本選手は最終的にはまだ確定していませんが、メダルが期待されるのは、スキージャンプ女子の高梨沙羅選手ほか、フィギュアスケートの男女、スピードスケートの男女、スノーボードなどです。

前回の2010年、カナダ・バンクーバーでの冬季オリンピックには、日本は役員111人、選手94人を送り込みました。

しかし、残念ながら金メダルはゼロでした。銀メダルがフィギュアスケート女子の浅田真央選手、スピードスケート男子500mの長島圭一郎選手、パシュート女子団体の3つ。

銅メダルはフィギュアスケート男子の高橋大輔選手、スピードスケート男子500mの加藤条治選手の2つでした。

金メダルは2006年のイタリアのトリノ大会での、フィギュアスケート女子の荒川静香選手以来ありません。

日本としては、今回はなんとしても金メダルがほしいところですが、情勢はなかなか厳しいようです。みなさんも応援してください。

ちなみに2018年の冬季オリンピックは韓国の平昌《ぴょんちゃん》で開催される予定です。2022年はまだ決まっていません。

なお、3月7日から16日まで、同じ会場でソチ冬季パラリンピックが開催されます。

大切な人がいるから、困難も乗り越えられる

Life 天国で君に逢えたら

2007年／日本／東宝／監督：新城毅彦／

「Life 天国で君に逢えたら　スタンダード・エディション」
DVD発売中¥3,800（税抜）＋税
発売元：TBS・東宝
販売元：東宝

家族に支えられた闘病生活

ある家族が遺灰を大海原に散りばめるシーンから、この物語は始まります。遺灰はその家族の父である飯島夏樹（大沢たかお）のものでした。

ハワイでウインドサーフィンのプロ選手として家族と暮らしていた夏樹でしたが、肝臓の難病を患い、苦しい治療生活を余儀なくされます。苦楽をともにしてきた妻の寛子（伊東美咲）はそんな夏樹に寄り添い、看病し続けます。また、年ごろの長女・小夏も揺れ動く心と闘いながら父の闘病を見守ります。病状が悪化するなかで、自暴自棄になった夏樹はパニック症に。しかし、そのとき目にしたのは、ともに闘っていた家族の姿でした。

夢なかばに若くしてこの世を去る彼が、死に際に感じたことはなんだったのでしょうか。自分の運命を無念に感じたでしょうか。そうではなかったはずです。末期の彼が「病気になってよかった。1人じゃないことを知ったから」と病床でつぶやいたひと言が思い出されます。

原作は主人公でもあるプロウインドサーファー飯島夏樹のエッセイ『天国で君に逢えたら』『ガンに生かされて』。

幸せへのキセキ

2011年／アメリカ／20世紀フォックス／監督：キャメロン・クロウ／

「幸せへのキセキ」
ブルーレイ発売中¥2,500（税込）
20世紀フォックス ホームエンターテイメント ジャパン

動物園を買った家族の実話

アメリカ版のタイトルは「We Bought A Zoo」。この物語の主人公となる一家が、廃れた動物園を買うところからストーリーは始まります。まさか動物園を買うなんて、と思うかもしれませんが、これは実話に基づいた物語です。

最愛の妻を亡くし、中学生の息子と幼い娘を抱えて途方に暮れていた夫のベンジャミン（マット・デイモン）が、新たな地で新しい人生を歩んでいこうと決意します。

反抗期の息子とのいざこざ、動物園再開への資金繰りや動物の死。次から次へとベンジャミンに試練が振りかかってきますが、諦めない姿勢が人生を切り開いていきます。彼を支えたのは、献身的な飼育員たちや、無垢《むく》な動物たち、そして、ぶつかりあいながらも寄り添いあえる家族の存在でした。

動物園は再開することができるのでしょうか。そして、一家は悲しみや困難から這いあがることができるのでしょうか。

愛すること、希望を持つことのすばらしさを教えてくれる心温まる1作です。

ぼくとママの黄色い自転車

2009年／日本／ティ・ジョイ／監督：河野圭太

「ぼくとママの黄色い自転車」発売中
4,700円（税抜）
発売元：東映ビデオ
販売元：東映

切なく温かい親子の愛情物語

大志少年は、パリでデザイナーをしている母・琴美から届く手紙をいつも心待ちにしていました。ところが、母から届いた写真に1つの疑問が…。母は本当にパリにいるのだろうか、大志少年は真相を確かめるために、東京から黄色い自転車に乗って愛犬アンとともに小豆島《しょうどしま》へと向かうのでした。

ケンカをしたカップル、世話好きの女の子、家族と仲たがいしているおじいちゃん。大志少年は道中でさまざまな人と出会い、助けられながら旅を続けます。こうした出会いが伏線となって、クライマックスへとつながっていきます。

美しい小豆島の小高い丘の上で、ついに大志少年が目にしたのは、変わり果てた母の姿でした。なぜ母はわが子と離れて暮らしてきたのか、そして、どんな思いでわが子との別れを決意したのか。それらの疑問がひも解かれていきます。

親が子を、子が親を想う気持ちがまっすぐに伝わってくる作品。文部科学省選定作品にもなっています。

原作は、小説家でブラックコメディを得意とする新堂冬樹の『僕の行く道』。

今月の1冊

サクセス書評

2月号

行ってみなければわからない海外で体感することの大切さ

『僕らが世界に出る理由』

中学生のみんなが生まれたころから比べると、日本と世界の距離はグッと縮まった。いまや、世界のさまざまな場所で、たくさんの日本人が活躍する時代になった。そして、高校生や大学生になったときに、留学などの形で海外に行ける機会も飛躍的に増えた。

一方で、テレビやインターネットを通じて世界の情報を手に入れることができるようになったことで、若い人の間で、「わざわざ苦労して外国に行く必要があるの」と言う人も多いという。

確かに海外に行くにはお金も時間も必要だし、言葉も日本とは違うわけだから、大変な思いをすることも多いだろう。

それでも、その機会があるのなら、海外に出て、世界を肌で感じることはこんなに意味があるんだ、ということを説いているのが、『僕らが世界に出る理由』だ。

著者はフィールドワーク（あるテーマについて、現地で実際に観察したり、調査を行うこと）による取材を得意とするノンフィクション作家。彼は大学1年のときに、ふとしたキッカケからパキスタンとアフガニスタンを訪れ、人生観が変わる経験をする。

そうした体験や、これまでに著者が出会った人々の話をもとに、海外に出た方がいい理由、そのためにどうするべきか、出たあとなにをするべきか、といったことが書かれている。

みんなにとっては少し早い話かもしれないけれど、将来やってみたいこと、なってみたい職業など、目標を早いうちから持っておくのは決してムダなことじゃない。

また、著者自身がこれまでノンフィクション作家として体験してきたことなどから、「メディア業界」とはいったいどんな世界なのかも説明されているので、将来は作家や新聞記者、テレビの世界で働いてみたい、なんていうことを考えている人にも役立つことが書かれている。

いま読んでもおもしろいけれど、みんなが高校生、大学生になってから読み直したときには、また新たな刺激を受けられるぞ。

◆『僕らが世界に出る理由』

著／石井 光太
刊行／筑摩書房
価格／840円＋税

高校受験 ここが知りたいQ&A

Q 大事なときに緊張してしまう「あがり症」を治したい。

ぼくは「あがり症」で、大事なときにいつもドキドキしてしまいます。部活の試合でもテストでも、緊張して力が出しきれない気がします。これから迎える高校入試であがらないようにするには、どうしたらいいですか。

（世田谷区・中3・KS）

A 緊張するのはみんないっしょ 頑張ってきた自分を信じて。

高校入試を目前に控え、なにかと心配の多いこの時期。ご相談の件も、あなただけが悩んでいることではないと思います。

入試当日は、多くの受験生が大変な緊張感のなかで試験に臨みます。それは、あがり症かどうかということではなく、だれもが入学試験という特殊な状況のもとでは緊張して当然だということです。

緊張するということは、それだけ一生懸命に勉強し、試験に向けて真剣な準備をしてきたということですから、心配する必要はありません。これまで努力してきた自分を信じて、試験に向かいましょう。

そして、過度の緊張をやわらげる方法を準備しておくことも大切です。簡単かつ有効な方法として、深呼吸がおすすめです。普段から、深くゆっくりと息を吸い込み、少しずつ吐き出す練習をしておきましょう。

また、自分が何度も読んだ参考書や、使い込んだノートなどを試験場に持参して、待ち時間に目を通すのもいいでしょう。「これだけやってきた」という努力の結晶を持参すれば、どんなお守りより力強い味方になってくれるはずですし、自分に強い自信を持つことができます。

緊張しているのはあなただけではありません。自分の力を信じ、実力を存分に発揮してください。ご健闘をお祈りしています。

教えてほしい質問があれば、ぜひ編集部までお送りください。連絡先は80ページをご覧ください。

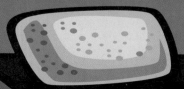

なんとなく得した気分になる話

生徒

先生

身の回りにある、知っていると
勉強の役に立つかもしれない知識をお届け!!

1年は13カ月!?

1年は何カ月か知ってるかい?

なにをいまさら…。12カ月に決まってるじゃん

違う。

えっ? 違う? 1年は12カ月だよ。

数えてごらん。

1月、2月、3月、4月、5月、6月、7月、8月、9月、10月、11月、12月。

と、お正月。

それ違うでしょ!

それがまんざらウソでもないんだ。昔の暦は月の満ち欠けで決めていたらしく、1カ月は29.5日と定められていたらしい。これを太陰暦と言うそうだ。

いまと違うんだ。そうすると1年が29.5×12=354日になって短くなるね。

そう! するとどうなる? 1年で実際の365日より365−354=11日ぶんは不足する。これが3年経つと33日、つまり約1カ月ずれるので、3年経つともう1カ月不足ぶんの月を入れていたわけ。これを閏月《うるうづき》と言ったらしい。詳しいことはわからないが、年によっては13カ月の年が昔はあったということだ。ちなみに、日本は江戸時代ぐらいまで太陰暦だったらしい。

今日の先生ずいぶん、仕込んだね。立派に見えるよ!

ありがとう…って、一応、先生だからなあ。

じゃあ、どうして1年は12カ月になったの?

ん???

仕込んでないの?

いまの暦は太陽暦というから、太陽の周期になっているんだよ。だから、太陽がのぼってから、沈んで、次に出るまでを1日の時間として、24時間にしたという感じだね。でも、そこでもきっちり1日を24時間にすることで季節的にズレが生じるから、いまだに閏年《うるうどし》っていって、4年に1度、2月を1日増やして28日から29日にするわけさ。多分だけどね。

仕込みしてない割によくできました!

こらっ! からかうな!

からかってないよ。調べないでそこまでわかる先生はすごいなあって、ほめたんだよ。

最近の若いヒトは褒め方が下手だ。まあ、しょうがない。それはさておき…。太陽暦はもともとローマ帝国時代に作られたそうで、3月スタートだったらしい。3月を英語で言うとMARCHだが、これはローマ神話の農業の神マルスに由来するそうで、その名残といえる。ということは、1月、2月が不足しているので1月と2月を新設。それを行ったのがローマ帝国のシーザーという人だったって、高校時代に聞いたことがあるな…。1月を英語で言うとJanuaryは、門の神ヤヌスだったかなあ???
高校時代が懐かしいな。あのころはよく勉強したなあ(笑)。

高校で学ぶんだ。高校の社会は楽しそうだなあ。

高校になると社会も日本史、世界史、地理、倫理みたいに分かれて習うからね。また、中学と違って、通う高校によって教わる内容の量が格段に違うから、できるだけ自分に合う高校に行くのがいいぞ。

今日の先生は、進路指導もできるんだね。見直したよ。

ありがとう。だから、キミの進路ももう一度見直してくれ!

そうきたか…。

サクセスランキング

Success Ranking

全国学力・学習状況調査 数学A・数学B ランキング

前回に引き続き、全国学力・学習状況調査の都道府県ランキング（公立中学校）だ。今回は数学の結果だよ。国語と数学では違う都道府県がランクインしたのか。はたまた同じ都道府県がランクインしたのか。前号と見比べるのも楽しいかも。

数学 A

順位	都道府県	平均正答数
1	**福井県**	**25.2/36**
2	秋田県	24.8/36
3	石川県	24.0/36
3	岐阜県	24.0/36
5	愛知県	23.9/36
5	香川県	23.9/36
7	富山県	23.7/36
7	兵庫県	23.7/36
9	奈良県	23.6/36
9	山口県	23.6/36
9	徳島県	23.6/36
12	東京都	23.5/36
13	青森県	23.4/36
13	群馬県	23.4/36
13	静岡県	23.4/36
16	鳥取県	23.3/36
16	広島県	23.3/36
18	滋賀県	23.2/36
18	愛媛県	23.2/36
20	京都府	23.1/36
21	栃木県	23.0/36
21	神奈川県	23.0/36
21	宮崎県	23.0/36
28	千葉県	22.7/36
31	埼玉県	22.6/36

数学A 全国平均	22.9/36

数学 B

順位	都道府県	平均正答数
1	**福井県**	**7.9/16**
2	秋田県	7.6/16
3	岐阜県	7.3/16
4	石川県	7.2/16
5	静岡県	7.1/16
5	愛知県	7.1/16
5	山口県	7.1/16
5	香川県	7.1/16
9	富山県	7.0/16
9	兵庫県	7.0/16
9	広島県	7.0/16
9	愛媛県	7.0/16
13	群馬県	6.9/16
13	東京都	6.9/16
13	京都府	6.9/16
13	奈良県	6.9/16
13	鳥取県	6.9/16
13	熊本県	6.9/16
19	青森県	6.8/16
19	徳島県	6.8/16
21	茨城県	6.7/16
21	神奈川県	6.7/16
23	栃木県	6.6/16
23	千葉県	6.6/16
23	長崎県	6.6/16
23	宮崎県	6.6/16
27	埼玉県	6.5/16

数学B 全国平均	6.6/16

受験情報

Educational Column

15歳の考現学

東京都に見る「よい公立中学校」の偏り
そこから見える心配をどう脱却すべきか

私立 INSIDE

私立高校受験

2014年度東京都内私立高校の
初年度納入金はやはり上昇傾向に

公立 CLOSE UP

公立高校受検

神奈川・千葉・埼玉の
公立高校入試展望2014

BASIC LECTURE

高校入試の基礎知識

都立高校推薦入試
あと10日の直前アドバイス

東京都立

一般入試は現在の中1から変更に

都立高校の入学者選抜のうち「学力検査に基づく選抜（一般入試）」の制度改善を検討している「選抜検討委員会」は、新しい制度を実施する時期について、2016年度（平成28年度）からとするよう指示した。

当初、2015年度（平成27年度）からの変更が模索されていたが、入試制度の変更は受検生・保護者への影響が大きいことからアナウンス期間を充分にとるため、実施を1年延ばし、現在の中学1年生の受検からとなった。

なお、同時に検討されていた普通科の「男女別定員制」については、別途に検討委員会を設けて、議論することとなった。

東京私立

京北が共学化し校名変更

京北（東京）は、正式に東洋大の附属校となり、2015年度（平成27年度）、現在の北区赤羽台から文京区白山に移転と同時に共学化し、校名を東洋大京北に変更する。また、1年前倒しで2014年度（平成26年度）高校入学生から学年半数（125名～予定）以上が東洋大への推薦を受ける。

芝浦工大高も校名変更

2017年度（平成29年度）に板橋から豊洲に移転する芝浦工大高は、それを機に校名を芝浦工大附属豊洲に変更する。新校地は豊洲駅をはさんで芝浦工大と近接、大学との連携教育をさらに深める。なお、校地の面積は現在の約1.5倍になる。

森上《もりがみ》 展安《のぶやす》

森上教育研究所所長。1953年、岡山県生まれ。早稲田大学卒業。進学塾経営などを経て、1987年に「森上教育研究所」を設立。「受験」をキーワードに幅広く教育問題をあつかう。近著に『教育時論』（英潮社）や『入りやすくてお得な学校』『中学受験図鑑』（ともにダイヤモンド社）などがある。

Educational Column

15歳の考現学

東京都に見る「よい公立中学校」の偏り
そこから見える心配をどう脱却すべきか
いまのうちに是正しないと格差は広がるばかり

公立の中学校にも優劣、序列ができてきた

過日、『AERA』誌に、都立の進学指導重点校に、近年比較的多くの合格者を出している公立中学校のリストが掲載されていました。

それがどういった中学校であるのかを、公立中学の事情に詳しい方に聞いたところ、以下のような分類になるそうです。興味深いので誌面に再現してみます。

まずは規模が大きな学校、です。在籍者が多ければ合格者も多くなるわけですから、当然といえば当然ですが、それでもそういう合格者、進学者が同じ学年に何人かいれば、やはり励みになります。

この分類に入るのが、砧《きぬた》、大泉、足立新田、葛西三、西葛西、椚田《くぬぎだ》、松木、日野四、三沢、大坂上、つくし野、小金井緑、三鷹一の13校。

正直なところ筆者などは校名を聞いただけではどこにある中学かよくわからないところも多いのですが、これらは、少ないところでも6人、多いところで8人の合格者が出ているようですから各クラスに1人は進学指導重点校に合格者がいるということになり、身近な感じです。

次に、いわゆる伝統的に環境のよい地域にある学校です。

すなわち、文京六、本郷台、牛込三、杉並区立（天沼、神明、西宮）、開進四、深川三、小金井二、国立一、大規模校でもあげた三鷹一など……。

確かに親の代から名の通った公立中学校名ばかりですね。一時はその威光に陰りがみえた時期もありましたが、再び注目されているようです。

ついで外部の塾などを入れて講習が行われている中学として和田と両国があります。

さらに新興住宅（戸建てありマンションあり）が建つ地域にある中学校。すなわち、清新一、みなみ野、七国《ななくに》、中山、上柚木《かみゆぎ》、鑓水《やりみず》…。

こうなると筆者などは耳にしたことがないものの、ひょっとして不動産広告のチラシや住宅雑誌で見た地域かも、という印象になります。

そしてこれは定番ですが、国家公務員住宅、有名企業社宅などが近隣にあるところが出てきます。これは東山（転編入、帰国子女が多い）。しかし、案外少なくてここ1校のみ

というのは、意外感があります。

公立の小中一貫校も出てきました。日野です。日野市の学校ではなくて、品川区が問題意識を持って立ちあげた小中一貫校の嚆矢《こうし》となった「私立のような」と形容されもする小中一貫校です。品川区にはこのほかに数校の小中一貫校があり、今後も期待されることになります。ただし、文字通りここには中学からは入れないのですから、要注意です。

同じように区・市のモデル校が入っています。大規模校でも名があがった松木です。母体となる松木小と長池小と、この中学の3校を地域が運営する学校です。

もう1つ、都立難関校に近い学校ということで、八王子東高のすぐそばにある日野四（大規模校でもあげました）と、国立高のまさに隣にある国立一（好環境立地でもあげました）。確かに隣地にあれば、身近にそのよさがわかります。

交通網の発達で通いやすい学校だからかな、と思われるのが、光が丘二、田柄《たがら》、明桜《めいおう》、忍岡《しのぶがおか》…。もっともこのなかで忍岡は、周辺中学より環境がよい印象があり、文京六などと同じくくりに入れてよいかもしれない、ということでした。

こうしてみると孟母三遷の故事ではありませんが、やはりよい結果を出すだけの背景はありそうです。

ただ、通学圏が環境のよい地域と重なるところはどこかという視点で分析したものです。教育内容というよりは、立地。そこには教育の供給力の弱さを感じます。

一方で、日野、松木、あるいは和田、両国などは学校（ひいては教育委員会）の創意と施策で注目されたところだと思います。

本来は、よい指導者がここにいるよ、ということがわかれば、その中学の生徒の学力は向上します。しかし現状は、そういう指導者はどこにいるのかよくわからないのです。

「よい」とされる公立中学はなにが違うのか

さて、この事情通の分類を聞いてみると、素人（？）が考えている、いわゆるよい地域にある学校という漠然としたイメージと重なっているのが、なんとも興味深いですね。

ただ、同じようなよい立地の中学はほかにもあるでしょうし、進学指導重点校に近い公立中学は、ほかにももっとあります。

にもかかわらずここにあげた学校では成果があがっているのに、ほかではあがっていないというのであれば、そこにはやはり教育内容の違いがあるのかもしれません。

ここまでいくつかのことをあげましたが、それらからだけ見ても以下のことは言えるかもしれません。

1つは身近に高いレベルの学校があるということ。

そして定量的に実績を出している中学では、今後も定量的に実績が出そうだ、ということ。

そのような学校では身近によい高校に進学した先輩のロールモデルがいるということ。

よい高校に多く進学させる中学は、規模の大きさで地域トップであったり、なんらかの地域のモデル校であったりすること。

そもそも国家公務員とか企業社宅（つまり大企業の社員ですね）などという親世代の「進学指導重点校」キャリアが身近にいることの影響も大きいということ、などです。

変えられないジレンマをどう乗り越えたらよいか

もっともこのことに関しては親を変えるわけにはいきませんから、そのような親を持つお友だちを持つということで代替するしかないかもしれません。

先日60年前に赤ちゃん取り違えにあって、違う家族に育てられた人の話がニュースでありましたね。片方は大学出で、片方は中卒という学歴とその後の生活格差の大きさを思うと、やはり家族の文化習慣の違いの力はかなりのものですね。

やはり、大学そして知的職業に就くには就くなりの環境が必要だ、と改めて感じ入る事件でした。

親とその家庭の文化習慣が違うのであれば、そうしたモデルとしたい家庭でどのようなことが習慣化されているのかを知り、意識的に選び取るようにするのがよいと思います。

さて、それ以上に気にかかることがあります。それはここに名前の出てこない中学との格差が、どれだけ広がっているのか、ということです。

すでに通常の公立中学は、公立中高一貫校の出現によって、いわば本来なら公立中学に入ってリーダーとして活躍するであろう人材の供給について、かなりの数を絶たれているわけです。

さらに、ここで見てきたこうした「よい」とされる中学が、公立の一貫校とは別にあるわけです。

では、それ以外の中学はどのようになっているのでしょうか。まして塾にも通わない、通えないケースでは…。

私立 Inside

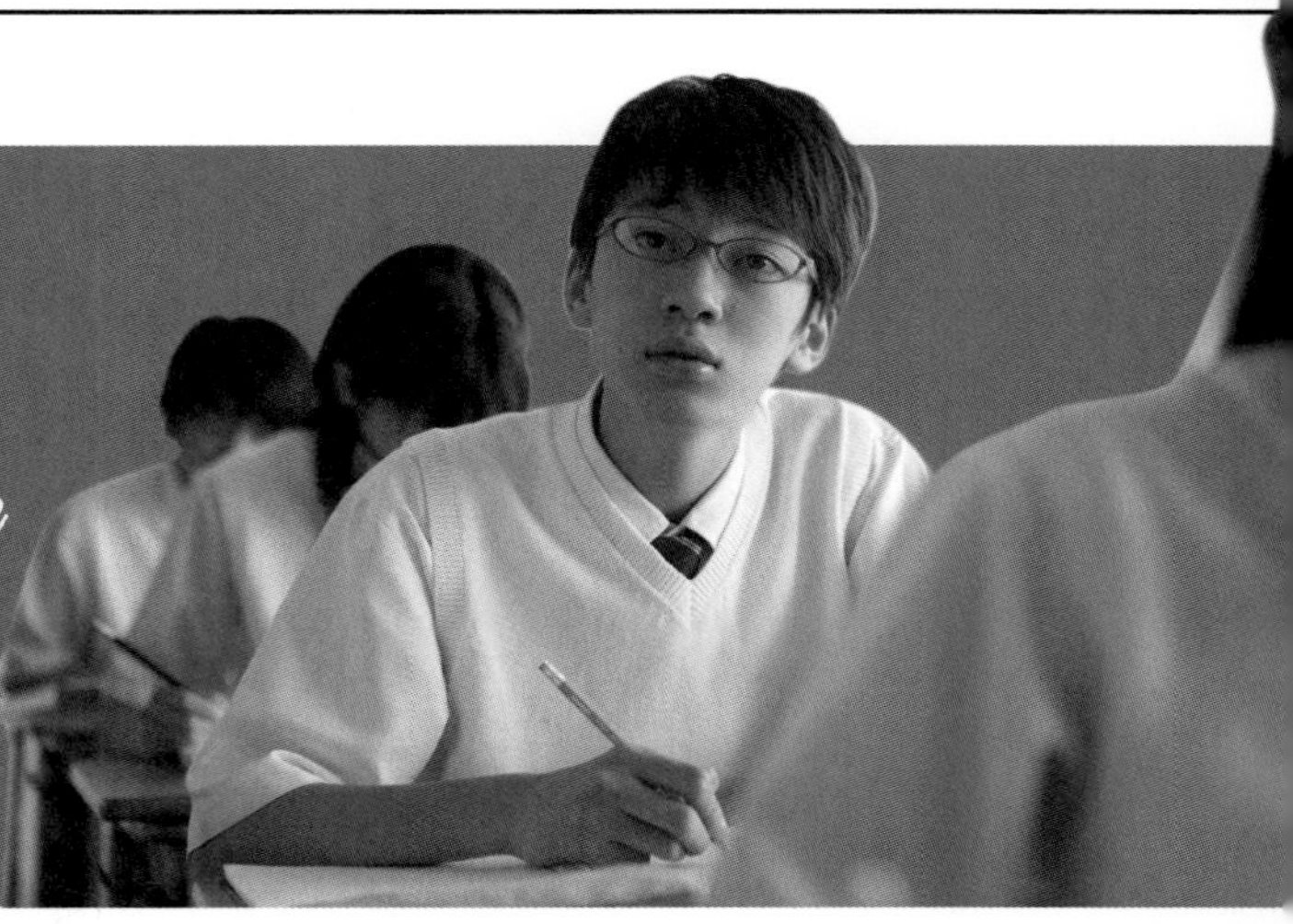

2014年度東京都内私立高校の初年度納入金はやはり上昇傾向に

学校を選択するとき気にかかるのはその費用です。東京都生活文化局は昨年12月、東京都内の全日制私立高校の来春入学者向け（2014年度）の学費を集計し発表しました。ここでいう学費とは初年度納入金の総額で、入学金、1年間の授業料、施設費、その他の費用の合計です。

初年度納入金の総額は平均4836円のアップ

都内の私立高校232校（のべ276学科）を対象に調べたもので、このうち初年度（入学年度）納付金総額（以下、「初年度納付金」）の値上げをした学校は、33校（14・2%）、値下げをした学校は5校（2・2%）、据え置いた学校は194校（83・6%）でした。

初年度納付金の平均額は88万8665円で、前年度に比べて4836円（0・5%）増加しました。

費目別では**【表1】**に示した通り、授業料は平均43万1714円で前年度比0・9%増。

入学金は平均24万8351円で、これは昨年までと違い同0・4%の減、施設費は平均4万9989円で同0・9%の減などとなっています。

長期据え置き校もあれば値下げした学校もある

都内の私立高校には**【表2】**のように276学科がありますが、学費の推移を学科別に見ると据え置いた学科が227学科ありました。また、値下げをした学科も5学科あります。コースによって学費が異なる場合は、それぞれ1学科として計算しています。

初年度納付金総額の値上げをしない学校は、23年連続の**頌栄女子学院**をはじめ199校ありました（値下げ校を含む）。以下に据え置き期間が長い学校を並べてみます。

①23年連続1校　**頌栄女子学院**（高校募集なし、以下、非募集）
②22年連続4校　**錦城、大東学園、帝京大学、鶴川**
③21年連続1校　**武蔵野**
④20年連続1校　**錦城学園**
⑤19年連続1校　**共立女子**（非募集）
⑥18年連続2校　**慶應女子、東京家政大附属女子**
⑦17年連続2校　**和洋九段女子**（非募集）、**大妻中野**（非募集）
⑧16年連続9校
⑨15年連続4校
⑩14年連続5校
⑪13年連続6校（値下げの**東京家政学院**を含む）
⑫12年連続16校
⑬11年連続8校（値下げの**武蔵野女子学院**を含む）

⑭10年連続10校
⑮9年連続6校

【表1】都内私立高校納付金・各費目の平均額

	授業料	入学金	施設費	その他	初年度納付金（総額）	〈参考〉検定料
2014年度	431,714円	248,351円	49,989円	158,611円	888,665円	22,141円
2013年度	428,001円	249,263円	50,431円	156,134円	883,829円	22,107円
値上げ額	3,713円	－912円	－442円	2,477円	4,836円	34円
値上げ率	0.90%	－0.40%	－0.90%	1.60%	0.50%	0.20%

【表2】学科で見た都内私立高校学費の推移（値上げ率等の内訳）

値上率	延べ計	5%以上	4%以上5%未満	3%以上4%未満	2%以上3%未満	1%以上2%未満	1%未満	値下げをした学科	据え置いた学科
学科数（2014年度）	276学科	7学科	2学科	9学科	9学科	14学科	3学科	5学科	227学科
		2.50%	0.70%	3.30%	3.30%	5.10%	1.10%	1.80%	82.20%

などとなっています。このほか、今年のみ据え置いた学校が17校ありました。

さて、初年度納付金総額の最高額は今年も**桐朋女子**音楽科の176万2200円、最低額も昨年同様、**東洋女子**の53万6000円でした。

全日制普通科に限ってみた場合の初年度納付金について、高い学校5校と安い学校5校を並べたのが**【表3】**です。

高い学校5校は昨年と変わりません。安い学校5校では、昨年までの**日本女子体育大附属二階堂**と**修徳**が消え、**自由ヶ丘学園**と**立川女子**が顔を出しました。

【表3】都内私立高校全日制普通科　初年度納付金が高い学校・安い学校

	高い学校		低い学校	
	金額	学校名	金額	学校名
初年度納付金（総額）	1,753,000円	玉川学園高等部（国際）	536,000円	東洋女子
	1,273,000円	玉川学園高等部（普通）	633,000円	鶴川
	1,230,000円	学習院高等科、立教池袋	712,000円	国本女子
	1,210,000円	成城学園	720,000円	自由ヶ丘学園
	1,186,000円	早稲田大学高等学院	724,800円	立川女子

大学附属校は総じて「学費が高い学校」の傾向

普通科で高い学校では【表3】のほかに100万円を超える学校として、**【男子校】桐朋**、**【女子校】慶應女子**、**【共学校】青山学院**、**国際基督教大高（ICU）**、**成蹊**、**中大杉並**、**中大附属**、**帝京**理数科、**広尾学園**インターナショナルコース、**明大明治**、**早稲田実業**などとなっています。

大学附属の学校が多いのがわかります。

普通科以外では前出の**桐朋女子**音楽科を筆頭に、**郁文館グローバル**国際科、**国立音楽大附属**音楽科、**関東国際**演劇科、**駒場学園**食物科など特色ある学科が100万円を超えています。

任意だが寄付金や学校債を求める学校もある

このほか、入学時に任意の費用として寄付金や学校債を募集する学校があります。これらに応じないからといって合否や就学に影響があるわけではありません。

各学科で寄付金を募集する学校は86校、学校債を募集する学校は8校、合わせて94校あります。このうち寄付金、学校債の両方を募集する学校は6校です。

募集額の平均は、寄付金で12万1977円、学校債は13万1250円ですが、ともに25万円を超える学校もあります。

公立 Close up

神奈川・千葉・埼玉の公立高校入試展望2014

安田教育研究所　代表　安田　理

入試機会が一本化されてから2年目の神奈川は、公立高校の募集数臨時増の割合が高くなったにもかかわらず、公立を敬遠する傾向が見られる。制度変更から4年目の千葉は後期もチャレンジする層が増え、3年目の埼玉は全体的に募集数を減らす。３県の２０１４年度公立高校入試を展望する。

神奈川県

一本化2年目と重点校の募集増で安全志向は弱まるか

２０１３年度から神奈川県の公立高校入試制度は大きく変わった。

制度が変更された初年度は受検生側の不安感が強く、安全志向が働いた。加えて、公立中学卒業予定者数増加の割合を上回る公立全日制高校の定員増があったため、実倍率は12年度後期の1・40倍から1・18倍に低下。前年後期にはすべての公立高校が定員を満たした結果、二次募集実施校はなかったが、13年度は23校に急増した。

２年目の14年度はある程度予測が立てやすくなるため、公立志願者の割合は増加する可能性が高い。

しかし、13年10月に実施された進路希望調査では前年にダウンした公立を希望する割合は80・7%から81・4%でわずかしか増えていない。また、県内外の私立希望者や他の進路希望者もほぼ前年と同じ割合となっている。もっと大きく変化してもよさそうなものだが、選抜機会が2回から1回に減ったことへの不安感は依然強く、2年目でも慎重を期す受験生が多いのかもしれない。

ただ、この調査は人気校の定員臨時増が公表される前に実施されたため、上位生や学力向上進学重点校をねらう受験生にチャンスが拡大することを知れば、公立希望が増える可能性もある。

募集増加率3年連続上昇

14年の公立中学卒業予定者数は１５７１人増の７万５００人。前年比で２・３%増えている。

一方、公立高校は１２００人増の４万３９５９人を募集の予定。前年比で２・８%増えている。13年は公立中学卒業予定者数が１・６%増えたのに対し、公立の募集増加率は２・８%。募集増加の割合は2年連続で同じだが、14年は公立中学卒業予定者数の増加率が上昇したぶん、その差は縮まっている。

それでも、公立中学卒業予定者数の増加率を上回る募集増加率が3年も続くため、公立志望者があまり増えなければ全体の平均倍率が低下することが予想される。公立高校の募集増加の割合がこれだけ高い状況が続くのは異例なことだが、この背景には県内の全日制高校進学者の割合の低さが影響している。全日制高校を希望する割合は低くないのだが、実際には「全日制合格が厳しそうだから」という理由で不本意ながら定時制高校に進学するケースがなかなか減少しない。募集割合の上昇は、弱気な受験生に手を差し伸べようとしているように見える。

重点校の増員は6校
横浜翠嵐、柏陽も

14年の臨時募集増加校は33校。13年の29校を上回る。このうち、学力向上進学重点校は**横浜翠嵐**、**柏陽**、**光陵**、**川和**、**希望ヶ丘**、**横浜国際**の6校。13年の**希望ヶ丘**1校から急増する。**希望ヶ丘**は2年連続の増加で、14年4月には高3が7クラス、高2が8クラス、高1が9クラス編成になる。

また、募集増加校が学力向上進学重点校6校をはじめ、公立中学卒業予定者数増加の顕著な横浜・川崎に集中している。

募集増加で最も人気を集めそうなのは県内トップ校の**横浜翠嵐**だ。13年の実倍率1・61倍はかなり高かったが、10月の進路希望調査でも前年を上回る希望者を集めている。高人気が敬遠されてもおかしくないところに、募集増によって上位生が集中することが考えられる。定員増で難度が下がることは期待できないものの、県内トップの難度がさらにあがるとも考えにくい。調査書・学力検査での得点の高さも大事だが、自己表現検査対策が13年と同様、合否のカギを握りそうだ。

柏陽も高い人気を維持しているが、募集増によって前年並みの倍率・難度になる可能性が高い。

2校に人気が集中すると他の増員校では緩和することも考えられる。2年連続で増員する**希望ヶ丘**、**横浜国大横浜**との連携枠が定員割れしたぶん、実倍率が高くなかった**光陵**は狙い目になるかもしれない。また、横浜市内の学力向上進学重点校で唯一、募集数を変えていない**横浜緑ヶ丘**が自己表現検査を始めるため、受検生から敬遠されると実倍率がダウンすることもありそうだ。人気を維持している**川和**は若干倍率を下げることがあっても、前年並みの難度をキープするだろう。

横浜翠嵐に並ぶトップ校の**湘南**は希望調査では緩和しているものの、人気・難度とも高いままだろう。入試制度変更で新たに自己表現を導入した**厚木**が一部の高内申生から敬遠されていたが、14年も学力検査の得点力のある受検生を集めそうだ。

学力向上進学重点校ではないが、**市立横浜サイエンスフロンティア**、**横浜平沼**も安定した人気で注意が必要だ。

10月の進路希望調査で県内公立全日制を希望しているのは5万７４０８人であるのに対し、募集定員は４万３９６０人。単純にその差を見れば、１万３０００人以上が不合格になる計算だ。実際に出願する受検生はこれより減少するので、1万人にはおよばないことが予測されるが、ある程度の厳しさは覚悟すべきだろう。

公立の入試日程が2月15日から14日に1日早まったため、私立を受験できる一般入試日程も実質的に圧縮され、受験生にとっては悩ましいところだ。公立第一志望なら、県内私立高校で急増する書類選考も視野に入れながら、私立併願校の合格を確保したうえで臨みたい。

千葉県

公立中学卒業予定数増で募集増

２０１４年は公立中学卒業予定者数が７７３人増え5万５６３３人になるため、全日制公立高校で臨時で５２０人募集数を増やす。全体では20校のうち普通科17校で増員する。

一方、県内でも地域によって公立中学卒業予定者数を減らしていたり、13年までの臨時増加実施校で募集数を元に戻すところもあったりするので、募集数削減校も7校ある。

募集増加校を学区ごとに見ると、2学区が8校と最も多く、3学区の7校、1学区の4校、4学区の1校と続く。募集減少校は8学区で2校、3~7学区で1校ずつあり、4学区の**佐倉**が総数は変わっていないものの、理数科を1クラス新設する代わりに普通科の募集を1クラス減らす。

13年は公立中学卒業予定者が７０３人減り5万４８６６人だったのに

対し、360人減の3万3760人の募集だった。地域によって公立中学卒業予定者数の増減に違いがあるため、募集増校と削減校の両方があったのは14年と同様だ。

都内国立校などと入試日が重なる前期

14年の公立前期選抜は13年に続き2月12・13日の2日間にわたって実施される。13日は都内の国立高校の入試日と重なるため、県内生は公立と都内国立の両方は受験できない。12日は**青山学院**、**明大明治**、**明大中野**、**城北**、**國學院久我山**などの入試日でもあるため、このような都内私立志望でも公立前期は受験できなくなる。

国立と県内公立との両方を志望校候補として考えている上位生ならば、**渋谷教育学園幕張**などの県内難関私立や2月10日か11日が入試日の都内難関私立で合格を確保できれば、県内公立を欠席することになるだろう。

13年入試では、予想された通り、トップ校の**県立千葉**が影響を受け、応募者数を大きく減らし難度も下げた。14年は前年の低下を受けて受検生を増やすことも考えられるが、学力トップ層が都内国立や難関私立に流れれば、難度はあがらないことになるだろう。

都内国私立と公立との入試日程の重複による上位生の分散は、**県立船橋**や**東葛飾**、**千葉東**にも13年と同様、影響するものと思われる。応募者が増えても難度はあがらないことが考えられる。

募集増の県立船橋、減少の東葛飾 増員維持の千葉東

14年に募集を増やすことで最も注目されるのは**県立船橋**。13年の前期では最も高い実倍率だったため、その反動で応募者を減らす可能性があったが、募集増でどこまで食い止められるか。上位生が13年に続き分散することになるため、**県立千葉**や**東葛飾**が人気を集めれば募集増が倍率緩和につながることもありそうだ。

一方、2年前の12年に募集を増やし、13年も募集数を維持していた**東葛飾**が募集数を元に戻すため、1クラス募集減となる。募集減で敬遠される可能性もあったが、新設される医歯薬コース人気が高く、応募者数をさほど減らさないかもしれない。

東葛飾と同様、2年前に募集増のあと、定員を維持している**千葉東**だが、若干**県立千葉**に上位生が流れそうな気配で、合格ラインは少し下がるかもしれない。県内で唯一、学校独自問題を実施することになるが、応募者数を大きく減らすまでにはいたらないようだ。

県立千葉は13年の都内国立高校との日程重複の影響による応募者減の反動で人気を集めそうだ。14年も日程は変わらないため、都内国立を受験する上位生は前期の**県立千葉**を受検できない。そのぶん、学力トップ層は増えにくく、難度も大きく上昇する可能性は低い。

千葉県では理数科人気が高いが、**佐倉**が普通科を1クラス減らし、理数科を新設。人気を呼べば、普通科も倍率が上昇するかもしれない。

現行制度が定着し、募集数の少ない後期の受験を回避する動きは年々減少。埼玉県・神奈川県で入試機会の一本化が進むなか、前期・後期に分けての入試では倍率の高さがめだつものの、後期の方が前期より実倍率が低い状況が続いている。

公立志望なら、すべり止め校として私立の合格を確保しておくことはもちろんだが、前期で不合格になっても諦めずに後期も受検する姿勢が大事だ。

埼玉県

一本化3年目で変化の少ない入試

2012年から前期と後期の入試機会を一本化した埼玉県では、初年度の1・15倍から1・19倍に13年の平均実倍率が上昇した。新制度2年目で公立人気が回復、募集定員が減るなか応募者を増やした。

14年は隔年現象が起きれば公立志望者の割合が減る年にあたる。10月の進路希望調査では卒業予定者に対する県内公立希望者の割合は79・5%。前年の79・9%からわずかに減っている。一方、県内国・私立希望者は7・9%から8・1%に微増。公立中学卒業予定者数に対する公立高校の募集数の占める割合は13年と同じため、公立の平均実倍率は若干低下するかもしれないが、ほぼ変わらないと見ていいだろう。

募集数は2年連続で減少

2014年の公立中学卒業予定者数は185人減り、6万5751人になる見込みのため、公立全日制高校の募集数は160人減り4万人になる。公立中学卒業予定者数に対する募集数の割合は60・8%で13年と

変わっていない。

埼玉県では2年連続で公立中学卒業予定者が減少するため、公立の募集数も2年続けての削減となる。しかし、地域によって中学卒業予定者が増えているところもある。千葉県のような学区はないので、県内どこでも受検は可能だが、地域ごとの中学卒業予定者数変動に合わせて募集数も毎年細かく変更している。

14年は13校が募集数を削減する一方、9校が増やす。

募集数を削減する13校のうち、13年に増やした募集数を元に戻すのが、**県立浦和**、**浦和一女**、**所沢北**、**越ヶ谷**、**浦和北**、**所沢西**、**朝霞**、**浦和東**、**坂戸西**、**志木**の10校。13年も24校が募集数を減らしたうちの23校が12年の募集数臨時増加校だった。

また、募集数を増やす9校のうち**大宮南**は13年に減らした募集数を元に戻すことになる。

春日部で募集増、県立浦和は削減

13年に増員した**県立浦和**、**浦和一女**が募集数を元に戻すため、1クラス減少する。

県立浦和は募集増加数40人を大きく上回る142人も応募者を増やし、13年の実倍率は1・50倍に上昇した。12年の応募者減と募集増が相乗効果をもたらしたが、14年はその反動で応募者を減らすのは確実。

浦和一女は**県立浦和**ほど大きな増加はなかったぶん、募集減でも実倍率に大きな変動はなく、むしろ応募者を増やす可能性がある。

県立浦和も**浦和一女**も県内トップ校の1つであるため、応募数に多少の変動があっても難度は高いままで変わるとは考えにくい。

12年には**県立川越**、**川越女子**、**蕨**、13年には**県立浦和**、**浦和一女**が増員したが、14年に増員する上位校は**春日部**のみ。

春日部は伝統ある男子校だが、13年の**県立浦和**のように応募者が集中すると実倍率が上昇することが考えられる。定員枠拡大による緩和はあまり期待しない方がよさそうだ。

共学校では**浦和西**の増員が注目される。13年の実倍率は1・47倍の高さだったが、募集数の増加は人気に拍車をかけそうだ。近隣で募集数を削減する高校が少なくないため、**春日部**と同様、応募者の集中化で実倍率が上昇してもおかしくない。注意が必要だ。

12年に増やした定員を維持している**大宮**は、13年は応募者を増やしたが、進路希望調査では希望者数・倍率ともダウン。14年は若干減少するかもしれない。しかし、人気・難度とも高いことに変わりはないだろう。

県立川越、**川越女子**は募集減から応募者を減らした13年の反動で少し上向く可能性が高い。募集数が減る**県立浦和**、**浦和一女**を敬遠する学力上位生の一部が移動してくることが考えられる。

募集削減校では**越ヶ谷**、**所沢北**が進路希望調査で倍率を上昇させている。定員が減ると応募者も減る傾向が見られるが、両校とも人気校だけに実倍率の上昇もあるかもしれない。

理数科を新設するため、普通科を1クラス削減する**市立大宮北**も注目される。進路希望調査では急上昇していないが、理数科は人気が高く、普通科は募集数が減るため、実倍率が上昇することもあり得る。

入試日程が3月になったことで、都内の国立や難関私立合格者は公立に出願しなくなっているため、応募倍率と実倍率との開きが縮まっている。また、ランクを下げて公立を受検するより同じランクの私立をめざす傾向も強くなっている。

国私立難関大学付属を上回るほど難度が上昇することはない代わりに大幅に緩和することも考えにくい埼玉公立難関校だが、大学合格実績でも好調さを維持している。チャレンジする価値は十分にあるだろう。

変わらない市立浦和、市立川越人気

埼玉県では毎年、人気を集める高校の顔触れに大きな変化はなく、10月の進路希望調査でも**市立浦和**、**市立川越**が人気の高さを見せている。

進路希望調査での倍率1位の**市立浦和**は2・96倍→3・04倍→3・13倍に上昇。2年連続でトップを維持している。2年前にトップだった**市立川越**は3・31倍→2・88倍→3・09倍と順位は変わっていないものの倍率を3倍台に戻した。2倍以上の高校も10年の18校から11年は15校、12年は10校へと減少していたが、13年は11校に増えた。ここ2年ほど続いていた受検生の分散傾向に歯止めがかかったようだ。

この進路希望調査は各校の定員発表前のもの。今回の増減員によって変動するところもあるだろう。

私立の併願校をしっかりと確保し、3月の入試日まで準備を怠らずに重ねていけば、希望する結果を手に入れることも十分可能だ。

Basic Lecture

高校入試の基礎知識

いよいよ近づく高校入試 都立高校推薦入試 あと10日の直前アドバイス

東京都立高校の推薦入試が1月の26日（日）と27日（月）に行われます。まさに「あと10日」です。受検するみなさんは「いったい、どんな試験なんだろう」とドキドキしていることと思います。そこで編集室からの「直前アドバイス」をまとめました。

推薦入試が変わって2年目の入試に

都立高校の推薦入試では、学力検査は行われず一般入試より前の1月下旬に行われます。人気があり倍率も非常に高い入試です。推薦入試には「一般推薦」と「文化・スポーツ等特別推薦」がありますが、ここでは一般推薦についてお話しします。

都立高校の推薦入試の募集人数は、普通科で募集定員全体の20%まで、普通科のコース制・単位制、専門学科、総合学科などでは30%（商業科は20%）までとなっています。

都立高校の推薦入試は以下のような提出資料や方法で選抜されます。

■調査書

3年次の9教科を評定か観点別評価のどちらかで点数化します。多くの高校が評定を用いますが、どちらを用いるかは各校が決め、事前に公表しています。

■自己PRカード

「入学を希望する理由」と「中学校生活の中で得たこと」を書きます。点数化はされず合否に関係しませんが、面接の資料として使われます。

■面接

個人面接が実施されます。時間や試験官の人数などは各校が決めます。

■集団討論

2013年度（平成25年度）から実施されました。個人面接と合わせて点数化されます。各校でテーマが決められ、5人程度のグループで約30分、各自が意見を述べます。ディベートではありませんので意見を戦わせるようなことはありません。

■作文・小論文・実技などの検査

2013年度から、面接・集団討論以外に作文・小論文・実技から1つ以上実施されます。実施する検査は各校が決めています。

「調査書」「個人面接と集団討論」「作文・小論文・実技等のいずれか」の検査は、各校が定めた基準により

点数化され、合計点（総合成績）によって入学者が選抜されます。

各校によって調査書や検査の配点は異なりますが、2013年度から調査書点の総合成績に占める割合の上限が50％までとなり、その割合が減りました。そのぶん、ほかの検査の重要度が増しています。調査書点が振るわなくても、小論文・作文や集団討論の点数次第で調査書点をカバーできるようになりました。

集団討論はテーマよりも論じる姿勢をみている

2013年（平成25年）春の入試から「集団討論」が導入されましたが、導入2年目となる今春は、**国分寺**・**両国**・**町田**など12校が集団討論と個人面接の配点比率を低くし、小論文や作文の比率をあげました。推薦入試においても、文章をまとめることができるなどの基礎学力を身につけた受検生を集めたいのでしょう。

新設された検査「集団討論」について、不安を持っている受検生もいるでしょう。

中学校のホームルームなどで話しあいの機会はあるとはいえ、自分の考えをまとめたり表現したりするのが集団討論です。いつもとは異なる環境のなかで受けなければなりません。

東京都教育委員会は、昨年度の推薦入試で実施された集団討論、小論文・作文、実技検査のテーマ一覧を公表しています。また、各校のホームページでも見ることができます。

公表された一覧表には、学校ごとのテーマや検査時間、制限字数が掲載されています。例えば**日比谷**は、集団討論では「リーダーシップを発揮する上で大切なこと」、小論文では「日本の食料自給率の特徴を説明」「日本の食料自給率を引き上げるために自分にできること」が出題されました。

小論文では上位校ほど、このようにテーマが2つとなっています。

集団討論のテーマは、高校生活に関する問題指摘が多く、「携帯電話の学校への持ち込みについて」など賛否が分かれるものもありますが、「□□□で大切なことはなにか」のようなテーマが多く見られました。その高校のあり方ならではのユニークなテーマの学校もありました。

昨春は初めてづくしで、受検生だけではなく高校の先生の方も試行錯誤的な実施だったのでしょう。「討論（受検生同士の話し合い）」にならないため先生が司会役となった学校も多かったようですが、本来はグループのなかでのリーダーシップをみたいわけですから、今春は司会役を互いに選ばせる方向になるだろうと思われます。

テーマは、昨春の別の学校に似たテーマは避けたいということもあるかもしれませんが、各校で多岐にわたっていたため、完全に異なるテーマの設定は難しいでしょう。

例えば、「携帯電話の持ち込み」より「携帯電話を使ってのネットの使用」に進む可能性があります。また、「ルールやマナー」「あいさつ」「集団行動」などはまだまだテーマとしては生きていると思われます。

このように高校生活にかかわるテーマが予想されますが、テーマそのものについてよりも、それを考えようとする姿勢、ほかの生徒の意見を聞く姿勢、積極的に発信する姿勢などが大切です。言葉づかいにも注意しましょう。

なお、話し下手や人前が苦手な人でも、個人面接と加味しての採点になりますので、あまり気にする必要はありません。

12月号の答えと解説

●問題 マスターワード

「？」に入るアルファベットを推理するパズルです。☆と★1個につき1文字入ります。☆は「？」に入るアルファベットが使われていますが、入る位置が違うことを表しています。★は入る位置も正しく使われています。また、「？」単語は、BOOKやEVERYのように、同じ文字が含まれていることはありません。

【例】次の？？？に当てはまる3文字の英単語を答えなさい。

？？？

①	CAT	☆☆
②	EAT	☆☆
③	SEA	☆☆
④	USE	★

【解き方】
③と④を比べると、Aが使われていて、Uは使われていないことがわかり、さらに②、③から、Aは1文字目です。

次に、④でSが使われているとすると、Eは使われていないことになり、②からTが使われていることになります。ところが、1文字目はA、2文字目はSになるため、Tの位置が①、②と矛盾します。

よって、④ではEは使われていることになり、②からTが使われていないことになります。

こうして推理を進めていくと？？？は“ACE”ということがわかります。

それでは、この要領で次の問題を考えてみてください。

【問題】次の？？？？？に当てはまる5文字の英単語はなんでしょうか。

？？？？？

①	YOUNG	★★☆
②	HOTEL	★☆☆
③	THING	★☆☆
④	STAGE	★☆
⑤	ALONG	☆☆

※ヒント：①と②から、必ず使われているアルファベット1文字が決まります

●解答 TOUGH

解説

アルファベット26文字のなかで①と②で使われている文字に印をつけると、右のようになりますが、そのなかで①にも②にも使われている文字はOだけです。

A	B	C	D	[E]	F	[G]	[H]	I	J
K	[L]	M	[N]	[O]	P	Q	R	S	[T]
[U]	V	W	X	[Y]	Z				

ここで、文字Oが使われていないとすると、Y、U、N、G、のなかから3文字、H、T、E、L、のなかから3文字が使われていることになって、解答する単語が5文字であることに反します。よって、解答する単語にはOが使われていなくてはなりません。また、同時に印のついてない文字は使われていないことになります。

さらに③と⑤より、N、Gのうちどちらかが使われていないことがわかるので、③からT、Hが使われていることがわかります。

すると、②より、E、Lが使われていないことになります。よって、④より、Gが使われていなくてはならないので、Nは消えます。

以上のことから①と⑤を比べて、2番目の位置はOに決まります。すると、③より1番目の位置はTに決まりますから、3番目の位置はUに決まります。

こうして、4番目の位置がG、5番目の位置はHに決まります。

中学生のための学習パズル

今月号の問題

漢字クイズの迷路

スタート地点から、漢字クイズの正解を選びながら迷路を進んでください。このとき、クイズの正解がAならば下に、Bならば右に、Cならば上に、Dならば左に進んでください。最後にたどりつく出口は、**あ～し**のどこになるでしょうか。

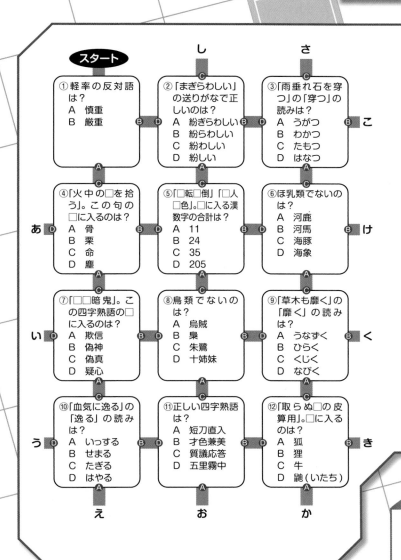

スタート

①軽率の反対語は？
A　慎重
B　厳重

②「まぎらわしい」の送りがなで正しいのは？
A　紛ぎらわしい
B　紛らわしい
C　紛わしい
D　紛しい

③「雨垂れ石を穿つ」の「穿つ」の読みは？
A　うがつ
B　わかつ
C　たもつ
D　はなつ

④「火中の□を拾う」。この句の□に入るのは？
A　骨
B　栗
C　命
D　塵

⑤「□転□倒」「□人□色」。□に入る漢数字の合計は？
A　11
B　24
C　35
D　205

⑥ほ乳類でないのは？
A　河鹿
B　河馬
C　海豚
D　海象

⑦「□□暗鬼」。この四字熟語の□に入るのは？
A　欺信
B　偽神
C　偽真
D　疑心

⑧鳥類でないのは？
A　烏賊
B　梟
C　朱鷺
D　十姉妹

⑨「草木も靡く」の「靡く」の読みは？
A　うなずく
B　ひらく
C　くじく
D　なびく

⑩「血気に逸る」の「逸る」の読みは？
A　いっする
B　せまる
C　たぎる
D　はやる

⑪正しい四字熟語は？
A　短刀直入
B　才色兼美
C　質議応答
D　五里霧中

⑫「取らぬ□の皮算用」。□に入るのは？
A　狐
B　狸
C　牛
D　鼬（いたち）

出口：あ　い　う　え　お　か　き　く　け　こ　さ　し

12月号学習パズル当選者

全正解者20名

★大野　光さん（東京都墨田区・中3）
★岩原行汰朗さん（埼玉県さいたま市・中1）
★田中　祐樹さん（埼玉県草加市・中1）

応募方法

●必須記入事項

01　クイズの答え
02　住所
03　氏名（フリガナ）
04　学年
05　年齢
06　右のアンケート解答

「ザ・ビューティフル展」、「ラファエル前派展」、「南部鉄器展」（詳細は73ページ）の招待券をご希望の方は、「○○展招待券希望」と明記してください。

◎すべての項目にお答えのうえ、ご応募ください。
◎ハガキ・FAX・e-mailのいずれかでご応募ください。
◎正解者のなかから抽選で3名の方に図書カードをプレゼントいたします。
◎当選者の発表は本誌2014年4月号誌上の予定です。

●下記のアンケートにお答えください。

A今月号でおもしろかった記事とその理由
B今後、特集してほしい企画
C今後、取り上げてほしい高校など
Dその他、本誌をお読みになっての感想

◆2014年2月15日（当日消印有効）

◆あて先

〒101-0047　東京都千代田区内神田2-4-2
グローバル教育出版　サクセス編集室
FAX：03-5939-6014
e-mail:success15@g-ap.com

挑戦!!

星野《ほしの》高等学校（女子部・共学部）

問題

右図のように，底面が正三角形で，側面が長方形の三角柱ＡＢＣ－ＤＥＦがある。辺ＤＥ，ＤＦの中点をそれぞれ点Ｍ，Ｎとする。ＡＢ＝４，ＡＤ＝６として，次の各問いに答えなさい。

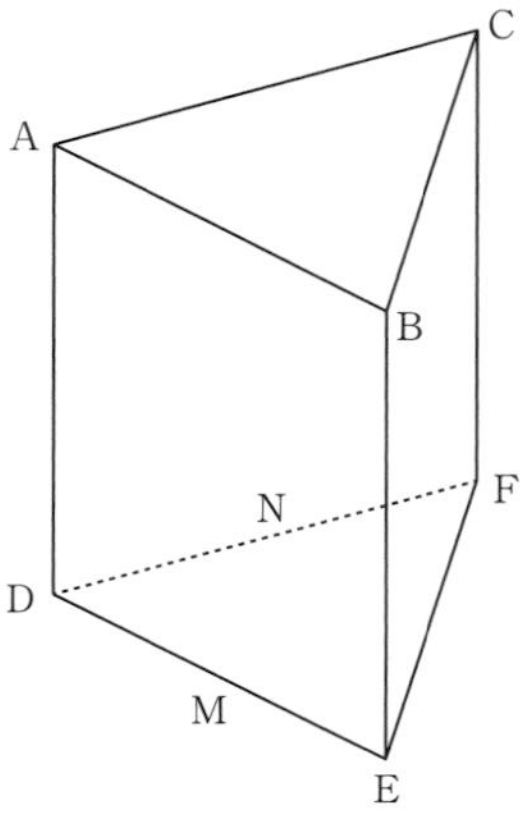

(1) 三角柱の体積を求めなさい。
解答群（ア）24　（イ）48　（ウ）$24\sqrt{2}$
（エ）$48\sqrt{2}$　（オ）$24\sqrt{3}$　（カ）$48\sqrt{3}$

(2) ３点Ａ，Ｍ，Ｎを通る平面で三角柱を切ったとき、切り口の面積を求めなさい。
解答群（ア）$\sqrt{33}$　（イ）$\sqrt{35}$　（ウ）$\sqrt{37}$
（エ）$\sqrt{39}$　（オ）$\sqrt{41}$　（カ）$\sqrt{43}$

(3) 点Ｄから△ＡＭＮに引いた垂線の長さを求めなさい。
解答群（ア）$\frac{\sqrt{13}}{13}$　（イ）$\frac{2\sqrt{13}}{13}$　（ウ）$\frac{3\sqrt{13}}{13}$
（エ）$\frac{4\sqrt{13}}{13}$　（オ）$\frac{5\sqrt{13}}{13}$　（カ）$\frac{6\sqrt{13}}{13}$

解答 (1) オ　(2) エ　(3) カ

（女子部）
埼玉県川越市末広町３-９-１
東武東上線「川越市駅」徒歩12分、西武新宿線「本川越駅」徒歩14分
TEL　049-222-4488
URL　http://www.hoshino.ac.jp/g/

（共学部）
埼玉県川越市石原町2-71-11
JR埼京線・東武東上線「川越駅」、西武新宿線「本川越駅」、西武池袋線「入間市駅」、JR高崎線「宮原駅」・「熊谷駅」、JR宇都宮線「東大宮駅」スクールバス
TEL　049-222-4489
URL　http://www.hoshino.ac.jp/k/

入試情報
単願　１月22日（水）
併願　１月25日（土）、１月26日（日）

山手学院《やまてがくいん》高等学校

問題

次の図のように，８段の階段があります。０段目にいる人がさいころを投げて，出た目の数だけ階段を上がります。ただし，出た目の数だけ上がると８段目を越えるときは，その分だけ階段を下ります。例えば，５段目にいるとき，投げたさいころの目が５であれば６段目に移動することになります。

このとき，次の各問いに答えなさい。

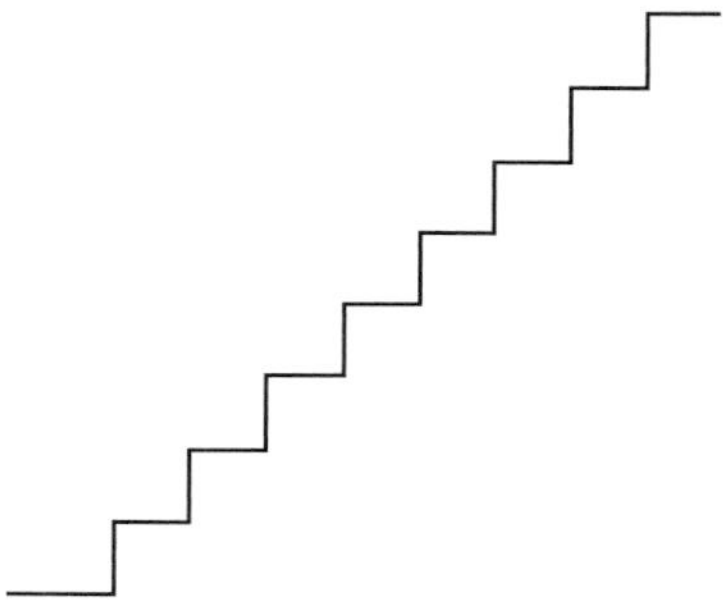

(1) さいころを２回投げて，一度も下りることなく８段目にいる確率を求めなさい。

(2) さいころを３回投げて，一度も下りることなく８段目にいる確率を求めなさい。

(3) さいころを３回投げて，８段目にいる確率を求めなさい。

解答 (1) $\frac{5}{36}$　(2) $\frac{7}{72}$　(3) $\frac{31}{216}$

神奈川県横浜市栄区上郷町460
JR京浜東北線「港南台駅」徒歩12分
TEL　045-891-2111
URL　http://www.yamate-gakuin.ac.jp/

私立高校の入試問題に

佼成学園女子高等学校《こうせいがくえんじょしこうとうがっこう》

- 東京都世田谷区給田2-1-1
- 京王線「千歳烏山駅」徒歩6分、小田急線「千歳船橋駅」・「成城学園前駅」バス
- TEL　03-3300-2351
- URL　http://www.girls.kosei.ac.jp/

問題

次の図のように，正三角形ＡＢＣの内側に点Ｏを中心とする半径１の円が接しています。円周上の点Ｐから３辺ＢＣ，ＣＡ，ＡＢにおろした垂線の長さをそれぞれx，y，zとします。このとき，次の問いに答えなさい。

(1) 線分ＯＢの長さを求めなさい。

(2) △ＰＢＣの面積をxを用いて表しなさい。

(3) $x+y+z$の値を求めなさい。

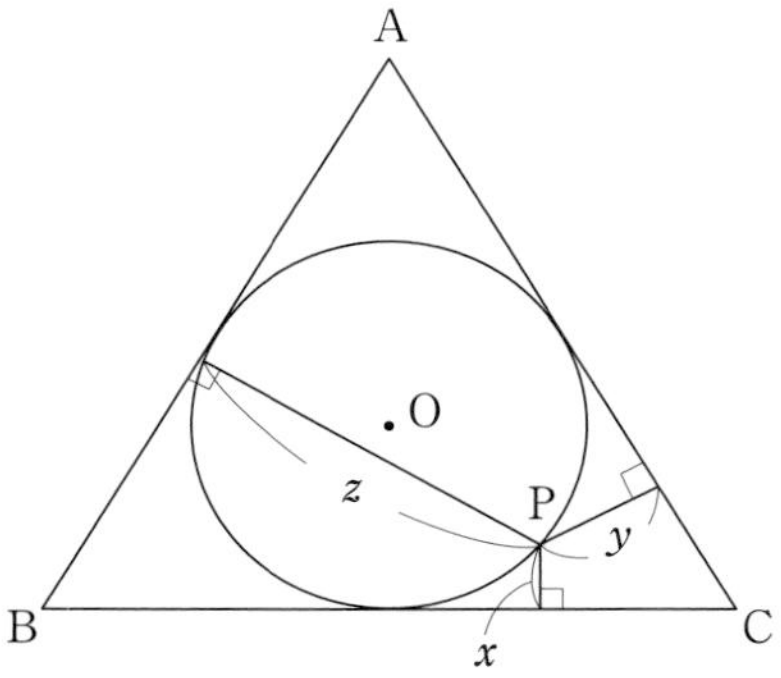

解答　(1) 2　(2) $\sqrt{3}x$　(3) 3

獨協埼玉高等学校《どっきょうさいたまこうとうがっこう》

- 埼玉県越谷市恩間新田寺前316
- 東武スカイツリーライン「せんげん台駅」バス
- TEL　048-977-5441
- URL　http://www.dokkyo-saitama.ed.jp/

問題

下のグラフは，ある１日の商品Ａ，商品Ｂのそれぞれの材料費，売上額，利益の比を表しています。

この日の商品Ａと商品Ｂの利益の合計額は16000円でした。このとき，次の各問に答えなさい。

(1) 商品Ａの利益はいくらですか。

(2) 商品Ａの材料費をx円，売上額をy円とするとき，x，yの連立方程式をつくりなさい。

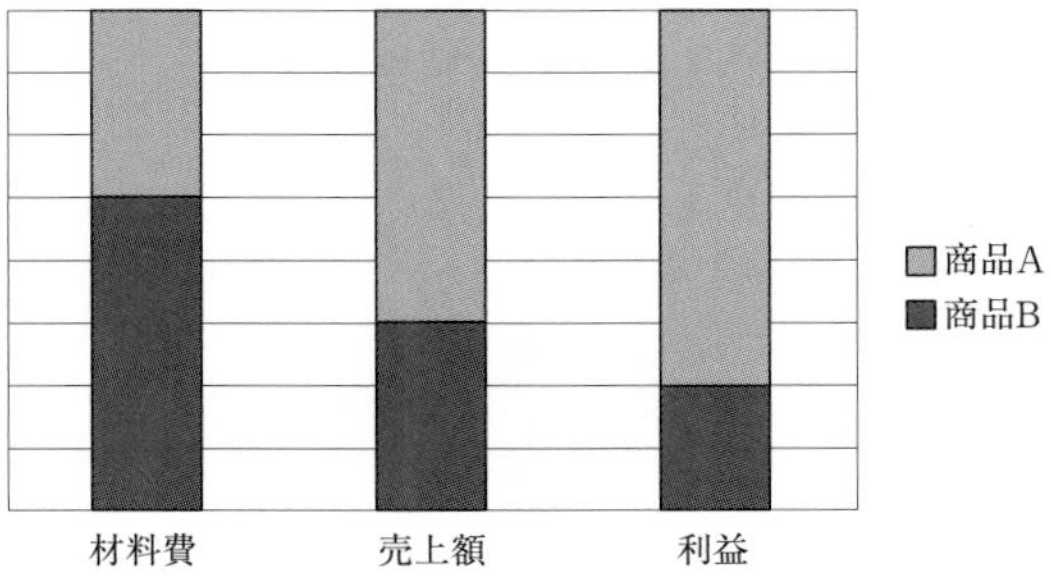

(3) (2)でつくった連立方程式を解き，商品Ａ，商品Ｂの売上額をそれぞれ求めなさい。

解答　(1) 12000円　(2) $y-x=12000$，$\frac{3}{5}y-\frac{5}{3}x=4000$　(3) 商品Aの売上額15000円，商品Bの売上額9000円

入試日程

第１回入試　１月22日（水）
第２回入試　１月23日（木）

お便りコーナー サクセス広場

小さいころの夢

小さいころは**宮殿**を持つことが夢でした。いまも欲しいですけどね。
（中２・Dir大笑恵陸さん）

アンパンマンです。顔が濡れると弱くなるけど、それでも立ち向かっていくところが大好きでした。
（中１・うぐいすパンマンさん）

ウチには飼い犬のゴールデンレトリバーがいたのですが、幼稚園児のころは「大きくなったらハナ（飼い犬の名前）より**でっかい犬**になる！」と宣言していたそうです。
（中３・いまだ身長150cm…さん）

恥ずかしい話なんだけど…**ウルトラマン**になりたかった！　幼稚園のころは悪いヤツをやっつけるヒーローに憧れてたんだよなあ。
（中３・シュワッチさん）

宝石屋さん！　きらきら光るものが好きだったので、宝石に囲まれたいなーと思っていました。
（中３・エメラルドさん）

動物園で働いたら、動物とたくさん遊べると思ってたので、**動物園の園長**さんになりたかったです。
（中１・アニマル阪口さん）

母に聞いたところ、**占い師**になりたいと言っていたようです。誕生日に水晶玉をねだられて、びっくりしたと…。
（中２・M.Kさん）

おもしろいあだ名

給食を毎回おかわりする食いしんぼうな子がいて、「**おかわりくん**」って呼ばれてます。
（中２・おかわりちゃんさん）

江戸時代が大好きな先生が、たまに江戸言葉を使うので、「**お江戸先生**」ってみんなで呼んでます。
（中２・明治時代さん）

背が高くひょろっとしてるし、日焼けして色黒なので「**ポッキー**」ってあだ名です。気に入っています。
（中１・1111さん）

キッチンって呼ばれています。大阪が好きだって言ったら、いつのまにか大阪→天下の台所→キッチン！
（中２・キッチンさん）

「**あくげ**」。友だちに豊田くんという子がいて、みんなそう呼んでいます。でもね、どうして「あくげ」かはだれも知らないんです…。
（中１・だれか教えて！さん）

絶壁です。その名の通り頭が絶壁なんです…。
（中１・絶壁ぼうずさん）

好きなスポーツ選手

サッカー日本代表の**本田圭佑**選手！　彼のまねをしていつか金髪にしたいのです！
（中１・点取り屋さん）

野球をやってる人にしてみたら、**イチロー**選手はやっぱり特別で、ずっと憧れの存在ですね。
（中３・no.31さん）

水泳の**北島康介**選手です。一度は「なんも言えねえ…」って言えるぐらいやりきってみたい！
（中２・中野のトビウオさん）

フィギュアスケートの**浅田真央**さんが好きです！　私もあんなふうに滑れたらなと憧れています。
（中１・F・Mさん）

ウサイン・ボルト選手ですね。陸上の。あんなに大きくてあんなに速いんですもん。憧れますよね。
（中３・稲妻野郎さん）

募集中のテーマ

「影響を受けた有名人」
「お花見の思い出」
「お気に入りの文房具」

応募〆切 2014年2月15日

必須記入事項

A／テーマ、その理由　B／住所　C／氏名
D／学年　E／ご意見、ご感想など

ハガキ、FAX、メールを下記までどしどしお寄せください!
住所・氏名は正しく書いてください!!
ペンネームは氏名のうしろに(　)で書いてネ!
【例】サク山太郎（サクちゃん）

あて先

〒101-0047　東京都千代田区内神田2-4-2
グローバル教育出版　サクセス編集室
FAX:03-5939-6014　e-mail:success15@g-ap.com

ここにメールしてね!!

ケータイから上のQRコードを読み取り、メールすることもできます。

掲載されたかたには抽選で図書カードをお届けします!

掲載にあたり一部文章を整理することもございます。個人情報については、図書カードのお届けにのみ使用し、その他の目的では使用いたしません。

アート
特別展 Kawaii《かわいい》 日本美術 ―若冲・栖鳳・松園から熊谷守一まで―
1月3日（金）～3月2日（日）
山種美術館

西山翠嶂《狗子》1958（昭和33）年絹本・彩色 山種美術館

日本美術に表現された「Kawaii《かわいい》」を楽しもう

日本では、古くから小さいものや幼いもの、未完成なものの愛らしさ、儚さを「かわいい」と愛でる文化がある。この展覧会では、日本美術のなかの「かわいい」をキーワードとして、中世～近代までの絵画などさまざまな作品から、時代を超えて人々の心をとらえてきた「かわいさ」を紹介している。小さな子どもや、犬や猫をはじめとする動物など、思わず「かわいい！」と声をあげたくなるような作品ばかりだ。

行事
うそ替え神事
1月24日（金）～1月25日（土）
亀戸天神社

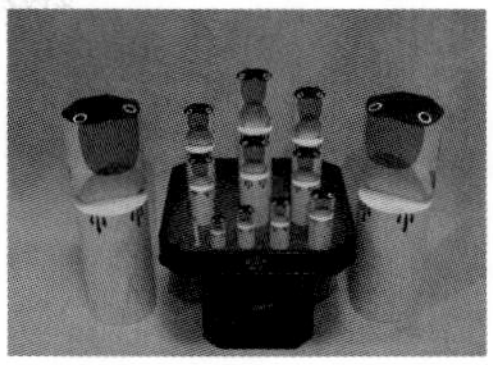

年に一度の「うそ替え」で開運・出世・幸福を願う

学問の神様・菅原道真をまつる神社でおもに行われている「うそ替え神事」。うそという日本海沿岸に生息する、黒い頭と顔の赤い模様がトレードマークの野鳥をかたどった木彫りの像（木うそ）を、毎年新しいものに替えることで、前年の厄災を「ウソ」にして、新年の幸福を願う行事だ。亀戸天神社では、毎年1月24日・25日の２日間行われ、多くの参拝客でにぎわう。かわいい木うそは学業のお守りとしても人気だ。

アート
ザ・ビューティフル 英国の唯美主義1860-1900
1月30日（木）～5月6日（火・祝）
三菱一号館美術館

アルバート・ムーア《真夏》1887年ラッセル=コート美術館 Photograph reproduced with the kind permission of the Russell-Cotes Art Gallery & Museum, Bournemouth

「ザ・ビューティフル」展の招待券を５組10名様にプレゼントします。応募方法は69ページを参照。

「唯、美しく」日本初の唯美主義展

みんなは「唯美主義」という言葉を知っているかな。19世紀後半のイギリスで、産業革命後の物質至上主義を批判し、美に満ちた生活の重要性を唱えた前衛芸術家たちが引き起こした一大ムーブメントのことだ。日本初となる今回の唯美主義展では、ため息の出るような美しさをまとう絵画、素描、家具、工芸、宝飾品約140点の作品が堪能できる。芸術家たちが追い求めた独創的な美と悦楽の世界を見てみよう。

サクセス イベント スケジュール
1月～2月
世間で注目のイベントを紹介

恵方巻

２月３日の節分、この日の楽しみとして、豆まきのほかに「恵方巻」をあげる人もいるんじゃないかな。具だくさんの太い巻きずしを、切らずに丸ごと、恵方（その年の縁起のよい方角のこと）を向いて食べるというユニークな風習だ。さて、今年の恵方はどの方角かな？

アート
ラファエル前派展 英国ヴィクトリア朝絵画の夢
1月25日（土）～4月6日（日）
森アーツセンターギャラリー

ジョン・エヴァレット・ミレイ《オフィーリア》1851-52年 油彩・カンヴァス テート美術館蔵 ©Tate, London2014

「ラファエル前派展」の招待券を５組10名様にプレゼントします。応募方法は69ページを参照。

テート美術館の至宝 ラファエル前派の絵画

イギリスを代表する美術館の１つであるテート美術館所蔵による、「ラファエル前派」の絵画が見られる展覧会だ。イギリス美術の最高峰と言われるミレイの「オフィーリア」をはじめ、中世の文学や伝説という題材を写実的な描写で描き出した作品など、19世紀のイギリス前衛美術の粋を味わえる。上段の「ザ・ビューティフル展」と並んで、イギリス絵画に親しむことができる貴重な機会となるだろう。

アート
メイド・イン・ジャパン南部鉄器 伝統から現代まで、400年の歴史
1月11日（土）～3月23日（日）
パナソニック汐留ミュージアム

9代藤田萬蔵 孝保《波に鯉文富士形鉄瓶》（背面）明治時代、盛岡市遺跡の学び館蔵

「メイド・イン・ジャパン南部鉄器」の招待券を５組10名様にプレゼントします。応募方法は69ページを参照。

パリのカフェでも愛される 南部鉄器の魅力を再発見

岩手県の伝統工芸品、南部鉄器。フランスやベルギーのおしゃれなティー・サロンでカラフルな南部鉄器がティーポットとして使われたことなどから、現在世界中から注目が集まっている。「メイド・イン・ジャパン南部鉄器」は、そんな南部鉄器の400年にわたる歴史や、現代の生活のなかでの使われ方などを知ることのできる展覧会だ。日本を飛び出し世界中で愛される南部鉄器の魅力を学びに行こう。

イベント
ふるさと祭り東京2014
1月10日（金）～1月19日（日）
東京ドーム

〝元気〟と〝うまい〟が日本全国から大集結！

全国各地の、一度は見てみたい伝統的なお祭りと、さまざまなご当地グルメの両方が楽しめる豪華なイベント、「ふるさと祭り東京」が今年も東京ドームで開催中だ。

「全国ご当地どんぶり選手権」や「第２回ご当地ゆるキャラ®リンピック」など、見逃せない特別企画も盛りだくさん。熱気あふれるお祭りを見て、おいしいふるさとの味を楽しめば、きっと寒さも吹き飛ぶはず。

～サクセス18のご紹介～

サクセス18は早稲田アカデミーが創った現役生難関大学受験専門塾です。

難関大に現役合格! サクセス18はここが違う!!

サクセス18 ここが違う!

進学塾 早稲アカスタイルの継続

大手予備校にはないキメ細やかさ

サクセス18は開成・慶女・早慶高校合格者数全国No.1（2013年当社調べ）の進学塾早稲田アカデミーの大学受験部門です。「本気でやる子を育てる」という教育理念に基づき、「私語のない緊張感のある授業」「少人数制で発問重視の授業スタイル」「復習型の丁寧な講義」など早稲田アカデミーが創立以来進学実績を伸ばし続けてきたエッセンスを継承しています。更に少人数クラスのライブ授業で競争原理の働く環境を維持しながら、現役高校生に特化したきめ細やかな指導で「普通の学力の生徒」を憧れの難関大学現役合格へと導きます。

	早稲田アカデミー サクセス18	他の塾・予備校
合格率	**高い合格率!難関大合格も夢じゃない!** 東大合格率50.0%※は一般倍率の約30%と比べて極めて高い数字。また早慶上智大の在籍約1,150名から522名合格も業界内では際立った合格率です。※東大必勝コース受講者の2013年前期入試結果より	在籍者数を公表していない場合がほとんどで、実際の合格率が不明な塾・予備校が多い。また合格率を公表している場合も極めて限定された母集団のみ公開されており、全体像が見えないことも多い。
1クラスの人数	**ちょうど良い人数だから学力が伸びる!** 先生が生徒の顔・名前・志望校・成績などをしっかり把握でき、楽しく競争できるちょうど良い人数で授業します。（1クラス平均15名程度）	「少人数」と謳いながら実際は50名程度の人数で授業が行われ、少人数制のメリットを活せないようなケースが見受けられる。
授業・講師の特色	**参加型授業!先生にどんどん質問できる!** 発問や演習を織り交ぜる参加型授業で皆さんを授業に引き込みます。また先生と生徒の距離が非常に近いので、わからない点は気兼ねなく質問できます。授業では「わかる」はもちろん「解ける」力を身に付けます。	高校生の場合に授業中の私語はまれだが、居眠りをしている生徒や携帯電話を操作している生徒も特に注意することなく、講師が一方的に予定の講義を進めていく形式が多い。
やる気 明るさ	**やる気が出るから学力が伸びる!** 生徒のやる気を引き出すことを重要視しており、各種テストの成績優秀者の掲示、講師からの声掛け、授業内でのコメント等を総合的に活用し、楽しく競いあえる雰囲気を演出し、生徒のやる気を引き出します。また明るいあいさつも特徴です。	やる気を引き出すことを重視し、システムに組み入れている塾はあまり見受けられない。
学習管理と進路指導	**勉強から進路まで担当の先生が面倒を見ます!** 学習管理、進路指導は実際に授業を担当している講師が行う。これによって、一人ひとりの学力特性を把握した、奥の深い学習管理（指示）や進路指導が可能となり、高い合格率を生む一因となっています。	授業担当と進路指導担当が分かれている塾・予備校が多い。従って、生徒一人ひとりの特徴や性格などを進路指導に活かせないことがある。

サクセス18 ここが違う!

高1からはじめれば早慶上智大合格へ!

早稲田アカデミーなら夢がかなう!

やる気を引き出す授業、夢を同じくする仲間と競い合いお互いを高める環境、全スタッフが生徒一人ひとりの個性を理解し、適切な学習法をアドバイスする指導。早稲田アカデミーなら、このシステムがあるから、始めたときには東大や早慶上智大は夢や憧れでしかない学力でも大きく伸びて第一志望に現役合格できるのです。

サクセス18 ここが違う!

東大、そして早慶上智大へ高い合格実績

2013年 大学入試実績

過去最高数更新!! 早慶上智大 522名合格!

昨年比52%アップ!! GMARCH理科大 769名合格!

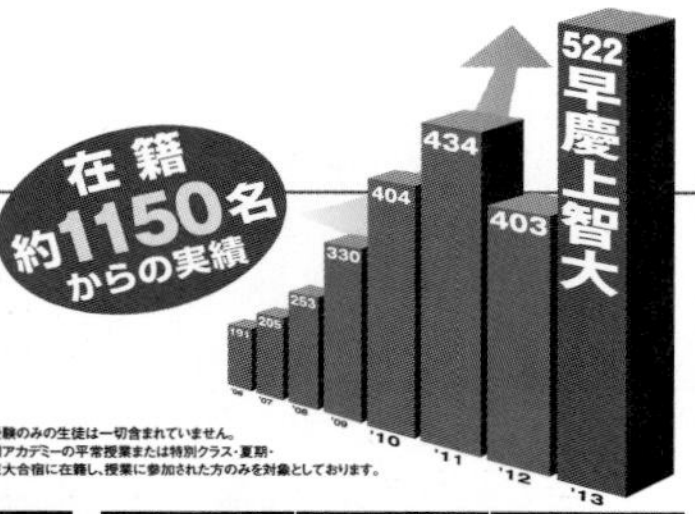

※模試受験のみの生徒は一切含まれていません。早稲田アカデミーの平常授業または特別クラス・夏期・冬期東大合宿に在籍し、授業に参加された方のみを対象としております。

東京大学	京都大・東工大 一橋大・東京外大	難関国立大	早稲田	慶應義塾	上智
55名合格	36名合格	60名合格	234名合格	123名合格	165名合格

明治	青山学院	立教	
161名合格	84名合格	136名合格	
中央	学習院	法政	東京理科
115名合格	45名合格	110名合格	118名合格

本気、現役合格 早稲田アカデミー

現役生難関大受験専門塾サクセスエイティーン SUCCESS18

教務部高校課

早稲田アカデミー 検索

「高校生コース」をクリック!

☎03(5954)3581(代)

http://www.waseda-ac.co.jp

池袋校
御茶ノ水校
渋谷校
大泉学園校
荻窪校
国分寺校
調布校
新百合ヶ丘校
宮崎台校
大宮校
所沢校
志木校

高1～高3（中1～中3 中高一貫校在籍）新入塾生受付中!

医歯薬専門予備校43年の伝統と実績

医学部完全合格64名!!

志望校別完全対策 直前ゼミ 高3対象

日曜集中特訓 医学部必勝講座 説明会・選抜試験 2/9(日) 高1・高2対象

医学部専門個別指導 Medical 1 メディカル・ワン

春期講習会 3/22(土)～ 新高1 無料

早稲田アカデミー教育グループ

医歯薬専門予備校

野田クルゼ

〈御茶ノ水〉

資料請求・お問い合わせ・各種お申し込みはお気軽にこちらへ

現役校 Tel 03-3233-6911(代) Fax 03-3233-6922 受付時間 13:00～22:00

本校 Tel 03-3233-7311(代) Fax 03-3233-7312 受付時間 9:00～18:00

野田クルゼの最新情報はホームページでもご確認いただけます。 野田クルゼ 検索

大学受験も 早稲田アカデミーSUCCESS18

難関大受験のスタートは 早稲田アカデミーSUCCESS18で

現役生難関大受験専門塾サクセスエイティーン

中3生必見!!

新高1春期講習会 無料

さあ、4月からは憧れの高校1年生。

期間				
第1ターム	3/1(土)▶3/21(祝)		第3ターム	3/26(水)▶3/29(土)
第2ターム	3/22(土)▶3/25(火)		第4ターム	3/31(月)▶4/3(木)

※第1タームは、校舎によって授業実施日が異なります。

最大24時間の講習会が無料で受講できます

早稲田アカデミーの大学受験部門であるサクセス18では、「私語の無い緊張感のある授業」「少人数制で発問重視の授業スタイル」「復習型の丁寧な講義」など、**早稲アカ伝統のスタイル**で、高校生のみなさんを強力にバックアップします。これから高校生になるみなさんがスムーズに高校生活のスタートを切ることが出来るように、サクセス18では**最大24時間を無料で受講できる春期講習会**をご用意しています。進度の速い高校のカリキュラムをきちんと理解しながら学習を進めていくためにも、早稲田アカデミーサクセス18で一足早いスタートを切りましょう。

難関大学合格のカギは高1からスタート!

高1で学習することが高2、高3でさらに発展していきます。扱う内容も中学の時よりも深く掘り下げて学び、「暗記ではなく思考」を重視した学習に変化していきます。さらに、高校は同じ入学試験を合格した同レベルの仲間達とのハイレベルな争いです。となれば、「先んずれば人を制す」です。春休みという高校入学前の大切な準備期間を利用して、ライバルよりも一歩リードしよう。

高1からの在籍で偏差値65以上の **早慶上智大** 合格者の**56%**は高校1年生のときには偏差値40〜50台だった。

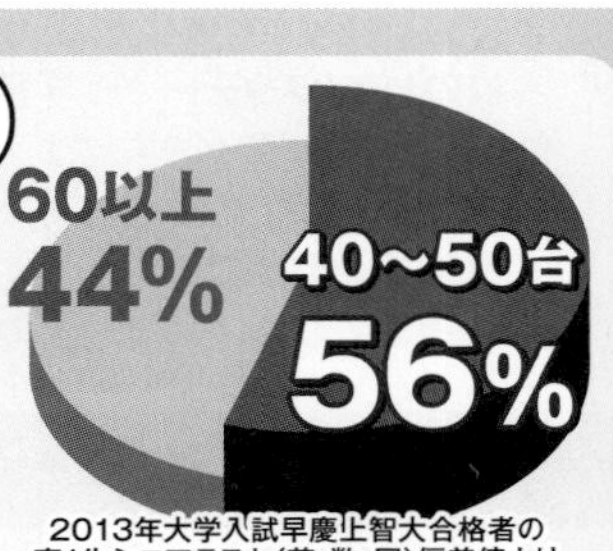

2013年大学入試早慶上智大合格者の高1生シニアテスト(英・数・国)偏差値より

高校生対象

医学部現役合格

医学部受験専門エキスパート講師が生徒が解けるまでつきっきりで指導する! だから最難関の医学部にも現役合格できる!

医学部という同じ目標を持つ仲間と切磋琢磨!

現役合格は狭き門。入試でのライバルは高卒生。

一部の高校を除き、医学部志望者がクラスに多数いることは非常に稀です。同じ目標を持つ生徒が集まる野田クルゼの環境こそが、医学部現役合格への厳しい道のりを乗り越える原動力となります。

また、医学部受験生の約70%は高卒生です。現役合格のためには早期からしっかりとした英語、数学の基礎固めと、理科への対応が欠かせません。

■医学部受験生の割合

■現役合格を逃した原因

- Point 1 一人ひとりを徹底把握 目の行き届く少人数指導
- Point 2 医学部専門の 定着を重視した復習型の授業
- Point 3 受験のエキスパート 東大系主力講師陣
- Point 4 いつでも先生が対応してくれる 充実の質問対応と個別指導
- Point 5 推薦・AO入試も完全対応 経験に基づく万全の進路指導
- Point 6 医学部の最新情報が全て集結 蓄積している入試データが桁違い

“個別指導”だからできること × “早稲アカ”だからできること

- 難関校にも対応できる
- 弱点を集中的に学習できる
- 最終授業が20時から受けられる
- 早稲アカのカリキュラムで学習できる

広がる早稲田アカデミー個別指導ネットワーク

マイスタは2001年に池尻大橋教室・戸田公園教室の2校でスタートし、個別進学館は2010年の志木校の1校でスタートした、早稲田アカデミーの個別指導ブランドです。お子様の状況に応じて受講時間・受講科目が選べます。また、早稲田アカデミーの個別指導なので、集団授業と同内容を個別指導で受講することができます。マイスタは1授業80分で1:1または1:2の指導形式です。個別進学館は1授業90分で指導形式は1:2となっています。カリキュラムなどはお子様の学習状況、志望校などにより異なってきます。お気軽にお近くの教室・校舎にお問い合わせください。

悩んでいます… 中1

本格的な部活動に取り組んでいて、近くの早稲アカに通いたいのにどうしても曜日が合いません。

解決します!

週1日からでも、英語・数学を中心に、早稲アカのカリキュラムに完全に準拠した形での学習が可能です。早稲アカに通う中1生と同じテストも受験できるので、成績の動向を正確に把握したり、競争意識を高められるのも大きな魅力です。

悩んでいます… 中2

受験学年直前！未消化の単元もあるのに、新出単元も難しくて不安です…

解決します!

中２のこの時期、どの科目も新出単元が難しいものが多くなってきます。個別進学館では、早稲アカのカリキュラムを個別にカスタマイズし、一人ひとりに合わせた授業を行います。未定着の単元を残さず、受験学年を迎えましょう！

悩んでいます… 中1 中2

自分で学習をすすめています。個別指導では分からないところだけ質問したいのですが可能ですか？

解決します!

可能です。個別進学館では学習カリキュラムを個別に作成しますので、質問対応をメインとしたカリキュラムを作成することもできます。もちろん、学習状況に応じたテキスト・テストの提案も行います。まずはご相談下さい。

Success15 Back Number

2014
1月号

冬休みの勉強法 和田式
ケアレスミス撃退法
直前期の健康維持法

SCHOOL EXPRESS
早稲田大学本庄高等学院

Focus on
埼玉県立大宮

2013
12月号

東京大学ってこんなところ
東大のいろは
「ゆる体操」でリラックス

SCHOOL EXPRESS
早稲田大学高等学院

Focus on
埼玉県立浦和第一女子

2013
11月号

教えて大学博士!
なりたい職業から学部を考える
学校カフェテリアへようこそ

SCHOOL EXPRESS
慶應義塾志木

Focus on
千葉県立東葛飾

2013
10月号

模試を有効活用して
合格を勝ち取る!
中1・中2 英・国・数

SCHOOL EXPRESS
桐朋

Focus on
神奈川県立川和

2013
9月号

SSHの魅力に迫る!
東京歴史探訪

SCHOOL EXPRESS
法政大学第二

Focus on
東京都立立川

2013
8月号

現役高校生に聞いた!
中3の夏休みの過ごし方
自由研究のススメ

SCHOOL EXPRESS
中央大学附属

Focus on
埼玉県立浦和

2013
7月号

学校を選ぼう
共学校・男子校・女子校のよさを教えます!
使ってナットク文房具

SCHOOL EXPRESS
栄東

Focus on
神奈川県立横浜翠嵐

2013
6月号

今年出た! 高校入試の
記述問題にチャレンジ
図書館で勉強しよう

SCHOOL EXPRESS
青山学院高等部

Focus on
東京都立国立

2013
5月号

難関校に合格した
先輩たちの金言
英語で読書

SCHOOL EXPRESS
山手学院

Focus on
東京都立戸山

2013
4月号

早大生、慶大生に聞いた
早稲田大学・慶應義塾大学
学校クイズ

SCHOOL EXPRESS
東邦大学付属東邦

Focus on
千葉市立千葉

2013
3月号

みんなの視野が広がる!
海外修学旅行特集
部屋を片づけ、頭もスッキリ

SCHOOL EXPRESS
早稲田実業学校

Focus on
東京都立日比谷

2013
2月号

これで安心
受験直前マニュアル
知っておきたい2013こんな年!

SCHOOL EXPRESS
城北埼玉

Focus on
神奈川県立横浜緑ヶ丘

2013
1月号

冬休みにやろう!
過去問活用術
お守りに関する深イイ話

SCHOOL EXPRESS
中央大学

Focus on
埼玉県立越谷北

2012
12月号

大学キャンパスツアー特集
憧れの大学を見に行こう!
高校生になったら留学しよう

SCHOOL EXPRESS
筑波大学附属駒場

Focus on
東京都立青山

2012
11月号

効果的に憶えるための
9つのアドバイス
特色ある学校行事

SCHOOL EXPRESS
成城

Focus on
神奈川県立柏陽

2012
10月号

専門学科で深く学ぼう
数学オリンピックに
挑戦!!

SCHOOL EXPRESS
日本大学第二

Focus on
東京都立両国

2012
9月号

まだ間に合うぞ!!
本気の2学期!!
都県別運動部強豪校!!

SCHOOL EXPRESS
巣鴨

Focus on
千葉県立佐倉

これより前のバックナンバーはホームページでご覧いただけます(http://success.waseda-ac.net/)

サクセス15 バックナンバー 好評発売中!

How to order バックナンバーのお求めは

バックナンバーのご注文は電話・FAX・ホームページにてお受けしております。詳しくは80ページの「information」をご覧ください。

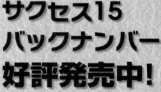

編集後記

新年あけましておめでとうございます。今年も『サクセス15』をよろしくお願いいたします。

みなさん、2014年の抱負は決めましたか？私は、南米旅行をしたいので、スペイン語を学ぶことにしました。みなさんのように頑張って勉強したいと思います。

受験生は昨年に引き続き、追い込みで勉強に励んでいると思います。今月号は、先輩たちの入試直前体験談や入試本番に向けての心がまえなど、この時期に役立つ内容となっています。ぜひ参考にして、直前期を乗りきってください。みなさんが最高のコンディションで入試当日を迎えて、実力を発揮できることを祈っています。頑張ってください。（S）

Information

『サクセス15』は全国の書店にてお買い求めいただけますが、万が一、書店店頭に見当たらない場合は、書店にてご注文いただくか、弊社販売部、もしくはホームページ（下記）よりご注文ください。送料弊社負担にてお送りします。

定期購読をご希望いただく場合も、上記と同様の方法でご連絡ください。

Opinion, Impression & etc

本誌をお読みになられてのご感想・ご意見・ご提言などがありましたら、ぜひ当編集室までお声をお寄せください。また、「こんな記事が読みたい」というご要望や、「こういうときはどうしたらいいの」といったご質問などもお待ちしております。今後の参考にさせていただきますので、よろしくお願いいたします。

サクセス編集室
TEL 03-5939-7928
FAX 03-5939-6014

高校受験ガイドブック2014 2 サクセス15

発行　2014年1月15日　初版第一刷発行
発行所　株式会社グローバル教育出版
〒101-0047 東京都千代田区内神田2-4-2
TEL　03-3253-5944
FAX　03-3253-5945
http://success.waseda-ac.net
e-mail　success15@g-ap.com
郵便振替　00130-3-779535
編集　サクセス編集室
編集協力　株式会社 早稲田アカデミー

Success15

2月号

Next Issue

3月号は…

Special 1

卒業論文や個人研究のある高校特集

Special 2

理科系コンテスト

School Express

東京学芸大学附属高等学校

Focus on 公立高校

千葉県立船橋高等学校